墨香财经学术文库

东北振兴投资绩效、治理检验及驱动优化

Investment Performance, Governance Effect Test
and Drive Optimization of Northeast Revitalization

关 文　白昌易　著

东北财经大学出版社
Dongbei University of Finance & Economics Press
大连

图书在版编目（CIP）数据

东北振兴投资绩效、治理检验及驱动优化 / 关文，白昌易著．一大连：
东北财经大学出版社，2024.4
（墨香财经学术文库）
ISBN 978-7-5654-5206-2

Ⅰ．东…　Ⅱ．①关…②白…　Ⅲ．区域经济－投资效果－研究－东北地区
Ⅳ．F127.3

中国国家版本馆 CIP 数据核字（2024）第 058338 号

东北财经大学出版社出版发行

　　大连市黑石礁尖山街 217 号　邮政编码　116025
　　网　　址：http://www.dufep.cn
　　读者信箱：dufep@dufe.edu.cn
大连图腾彩色印刷有限公司印刷

幅面尺寸：170mm×240mm　　字数：188千字　印张：13　插页：1
2024年4月第1版　　　　　　2024年4月第1次印刷
责任编辑：李　彬　王　斌　　责任校对：刘贤恩
封面设计：原　皓　　　　　　版式设计：原　皓
定价：65.00元

前言

　　东北振兴是发展问题，也是治理问题。投资驱动长期占据东北振兴中经济增长的主要驱动路径，但在发展视角下，东北振兴中的投资驱动效应较为单一、投资驱动效率不够稳定、投资内生动力不够充分，投资驱动迫切寻求投资治理变革。在治理视角下，东北投资治理兼具短期需求驱动效应和长期供给驱动效应的统一，提供了东北振兴由投资驱动优化为投资治理驱动的可能。2020年以来，新冠疫情大流行等因素导致世界经济形势复杂多变，新基建应时而兴，除提供了新的振兴选择之外，本身还意味着新的投资治理模式，为东北振兴由投资驱动转为投资治理驱动提供了优化框架。

　　本书基于新基建投资治理优化视角，研究东北振兴由投资驱动向投资治理驱动转型中的投资治理优化问题。具体来讲，本书在评价东北投资"增长""发展"绩效基础上，判断了投资驱动是否仍适用于东北振兴。随后基于统一解释框架，检验东北投资治理逻辑的发展驱动效应，以及对投资驱动效率的赋能效应，并基于博弈论分析投资治理的内生驱动问题，进而为实现东北投资治理驱动东北振兴提供系统优化建议。本书具体研究内容如下：

第一，本书基于东北振兴视角下东北投资治理的文献回顾，发现关于东北投资治理的研究主要取得了以下进展：一是对投资在东北振兴中的地位认识不断深化；二是对东北投资的经济绩效评价更加充分；三是对东北投资的驱动效应分析更加细致；四是东北投资治理的结构路径不断优化。但总体来看，东北投资治理尚未构建自己独立的研究框架，具体包括：关于东北投资的绩效评价仍然内置于东北振兴整体绩效评价框架中；东北投资的治理逻辑尚未理顺；东北投资的效率研究需要进一步推进；东北投资的治理困境缺乏解释。

第二，本书在系统梳理投资驱动经济增长理论、投资治理驱动经济发展理论、新基建经济学的基础上，构建了新基建投资治理优化框架。在投资驱动效应上，除了能给固定资产投资带来乘数效应，新基建还可以作为数字化工具和数字化平台，赋能传统产业改造，加速产业融合，推进技术进步，从而带来长期的供给驱动效应。在投资治理驱动效应上，由于自身投资结构、产业投资结构、资本筹集结构的巨大转变，新基建提供了一个全新的投资治理驱动架构，进而对投资产出维度、投资治理逻辑、投资效率治理、投资内生动力产生新的影响。

第三，本书基于新基建投资治理优化视角，构建了东北振兴从"经济增长"到"经济发展"递进转换下的多元投资绩效评价框架，认为经济增长构成东北投资经济发展绩效的前置维度；同时，在新基建投资治理视角下，指出原"大基建投资治理"模式下的五个缺陷，为建构东北经济发展绩效框架提供了依据，其主要包含：人均产出、产业升级、就业消纳、技术进步和双创培育。进而，本书选取2003—2019年东北地区（含蒙东地区，下同）37个地市面板数据，利用固定效应模型估计了东北投资的经济驱动效应，发现东北投资仍然表现出强劲的增长驱动效应，东北振兴中的投资驱动特征仍然成立。本书基于熵值法构建了东北投资发展综合绩效指数，发现东北投资可以显著促进东北地区的综合发展，是除工业化之外对经济发展的重要动力。

第四，本书在梳理东北投资治理的历史逻辑基础上，明确了新基建投资治理优化视角下东北投资治理的逻辑划分，然后选取2003—2019

年东北地区 37 个地市面板数据，基于面板固定效应模型，分类独立估计了投资数量治理逻辑、投资质量治理逻辑、投资区位治理逻辑对经济发展多元分维度和综合绩效的驱动效应，最后对其进行综合回归估计，发现：东北投资治理对经济发展只存在分维度绩效或者分维度逻辑下的局部驱动效应，东北投资治理驱动尚处于一个点状驱动的状态，要想实现东北投资治理驱动的全面效应，需要一个从点到面的优化和协同过程。整体来看，东北振兴由投资驱动转向投资治理驱动的动能转化尚在起步阶段。

第五，本书基于 DEA 方法，选取 2003—2019 年东北地区 37 个地市面板数据，测度了东北投资驱动效率，并利用面板 Tobit 模型和门限效应模型，分别探讨了投资治理逻辑、投资体制对投资驱动效率的赋能效应，发现：效率改善目标下，东北投资治理只存在局部逻辑下的显著正向赋能，尽管东北现有投资体制本身不存在对效率提升的显著制约，但在整体上并没有强化投资治理赋能效应，反而使其变得更差；区域投资强度、区域创新投资水平、房地产投资依赖度等投资体制存在优化东北投资治理赋能投资驱动效率的门限效应。

第六，本书基于系统动力学，构建东北投资治理政企博弈模型，将地方政府的行为分为"治理"与"不治理"，企业资本的行为分为"参与"和"不参与"，发现提高整体的基建项目治理效率是模型构建的最终目标，而实现这一目标的稳定策略在地方政府采取不同监管和激励手段时并不相同。在新基建项目治理假设下，地方政府若采用"弱监管模式"，选择"不治理"策略，则企业资本选择"参与"策略；地方政府若采用"强监管模式"，选择"不治理"策略，则企业资本亦选择"参与"策略。据此可以得出，新基建投资治理假设下的政企投资治理博弈可以有效培育企业投资成为东北投资内生动力，但可能面临政府治理动力不足问题。

第七，本书基于新基建投资治理优化框架，从东北投资治理绩效导向、东北投资治理逻辑、东北投资驱动效率改善、东北投资内生动力培育四个维度给出东北振兴从投资驱动转向投资治理驱动的投资治理优化建议。具体来说：一是界定投资治理宽度，强化发展绩效导向，包括：

坚持经济增长前置，巩固投资驱动基础；聚焦主要发展维度，推进投资多元驱动；因地制宜分解绩效，强化投资整体协同。二是区分投资治理细度，优化治理逻辑驱动，包括：坚持数量治理逻辑，强化数量治理驱动；优化质量治理逻辑，突出质量治理驱动；创新区位治理逻辑，扭转区位治理驱动。三是延伸投资治理长度，提升投资驱动效率，包括：强调长期效率导向，多维提升治理效应；优化投资体制治理，扭转投资体制调节；立足体制门限效应，多维推进效率跃迁。四是突破投资治理深度，培育投资内生动力，包括：创新投资治理模式，构建新型驱动内核；夯实政府投资责任，优化政府投资治理；巩固企业投资主导，培育投资内生动力。

本书的主要创新之处在于：

一是提出新基建投资治理优化框架，为东北振兴由投资驱动转向投资治理驱动提供了优化依据。具体来说，发现了新基建与投资治理的内在一致性，并在新基建经济学的基础上，基于"大基建投资治理"模式的比较视角，提出投资治理目标、投资治理逻辑、投资驱动效率、投资内生动力四个维度的新基建投资治理优化框架，并依据此框架将经济增长纳入东北投资治理绩效的前置维度，将人均产出、产业升级、就业消纳、技术进步、创新创业确立为投资治理绩效的五个主要维度，并将投资驱动效率纳入投资治理绩效的长期维度，构建了"前置绩效-核心绩效-长期绩效"的绩效评价框架，为东北投资治理中的投资驱动效应优化、投资治理驱动效应优化、投资治理赋能效应优化提供依据，进而依托新基建投资治理架构本身，为优化东北投资内生动力提供依据。

二是基于系统动力学，构建东北传统基建投资治理和新基建投资治理下的政企演化博弈模型，对东北投资治理中的投资内生动力不足问题作了针对性解释，为优化东北投资治理、培育投资内生动力提供了理论依据。

三是从东北振兴的新旧动能转换视角将东北振兴从发展问题转换为治理问题，并借此将东北投资驱动治理从东北振兴评价中独立出来，依据新基建治理优化框架为其提炼三类基本治理逻辑：投资数量治理逻辑、投资质量治理逻辑、投资区位治理逻辑，并选取 2003—2019 年东北地区 37 个地市面板数据，构造固定效应模型和面板 Tobit 模型，分析这三种逻辑对经济发展的驱动效应和对投资驱动效率的赋能效应，并在长期效率赋能视角下，构造门限效应模型，发现各投资治理逻辑基于多个门限效应的赋能效率突变，在一定程度上丰富了东北投资治理视角和实证研究。

　　由于作者水平有限，书中难免有疏漏和不妥之处，恳请同行专家和读者批评指正。

关文　白昌易

2024 年 3 月

▌目录

1 绪论

1.1 研究背景与意义

1.1.1 研究背景

东北振兴既是发展问题，也是治理问题，在国家发展大局中一直有着较高的战略定位。2003 年 10 月，中共中央、国务院正式印发《关于实施东北地区等老工业基地振兴战略的若干意见》，吹响了振兴东北老工业基地的号角。东北振兴进入"黄金十年"，其间尽管遭遇 2008 年国际金融危机，但得益于 2009 年《关于进一步实施东北地区等老工业基地振兴战略的若干意见》的及时出台，东北振兴势头不减。不过，随着中国经济发展进入新常态，第一轮东北振兴的政策效应释放殆尽，后继乏力，东北地区自 2003 年起所保持的与全国平均增长水平同步的经济增速走势，在 2012 年发生转变，开启下滑态势。到了 2014 年，东北地区受"三期"叠加影响而凸显的产业结构与计划经济体制矛盾到达顶点，"新东北现象"集中爆发。能源、采矿和传统装备制造业等支柱型产业遭受严重冲击，投资供需大幅度缩减，有效产值严重下降，造成东北三省经济增速等各项经济指标明显下降。至此，东北三省经济增长明显放缓，至今仍处于恢复性增长阶段。面对严峻局面，自2016年始，国家先后出台《关于全面振兴东北地区等老工业基地的若干意见》《关于深入推进实施新一轮东北振兴战略加快推动东北地区经济企稳向好若干重要举措的意见》，开启新一轮东北振兴。新一轮东北振兴的内涵更全面更丰富，不再将经济增长作为唯一目标和优先目标，改善产业结构、优化经济结构将在考量东北投资绩效中占据更大比例。进入2018年以后，国外形势加剧动荡，中美"贸易战""科技战"加剧，新冠疫情全球肆虐，东北振兴内外环境发生变化，振兴战略进入新的平台期。

2022年8月16日—17日，习近平总书记在辽宁考察时指出："党中央高度重视东北振兴，党的十八大以来作出了一系列战略部署，取得了明显成效，党的二十大后还要作出新的部署。虽然东北遇到了一些现实的问题和困难，但前景是非常好的。我们对东北振兴充满信心、充满期待。"这预示着东北振兴面临新的一轮发展机遇。

对于东北振兴来说，投资的驱动地位毋庸置疑。在凯恩斯短期需求增长分析框架下，相对于全国其他地区，东北地区的产业结构老化，经济边缘化压力不断加大，经济内生动力不足，外向性较差。短时间内依靠消费和出口来提振东北经济缺乏依据，在不能保障经济稳定的前提下，经济转型为创新驱动也缺乏支撑，因此投资成为东北全面振兴的基础动力和必要选择，其可以在短期内保障需求，有效拉动经济产出、稳定就业、促进社会消费，进而成为驱动东北振兴的主要动力，并且这种驱动地位的确立是长期的。

但当前，东北振兴中的投资驱动面临着较大压力。一方面，全球经济形势复杂多变，国内经济面临较大下行压力，"稳增长""稳投资"成为政府工作的主要内容。新一轮的经济拉动已经开启，"新基建"等投资项目如火如荼开展，随着党的二十大的召开，东北地区也将迎来新一轮投资高潮，东北投资的规模也在实现恢复性增长。另一方面，随着规模的上升，投资的边际效应在不断下滑，投资驱动的动能越来越不稳定。东北地区长期依赖投资固然保障了短期需求，但是经济增长的方式较为粗放，经济增长主要依赖投资规模而非投资效益驱动，投资供给质量不高，经济发展长期动力不足，投资驱动效率提升缺乏明显依据且不可持续，东北振兴有陷入"投资依赖陷阱"的可能。同时，东北地区投资驱动的动能缺乏稳定。东北地区投资表现出明显的外生性特征，而且主要集中于项目制为代表的中央投资拉动和产业扶持政策为中心的中央转移支付，但对地区之外的民营资本缺乏吸引力，长期面临"投资不过山海关"的困境，东北地区自身投资也集中于政府为主导的区域投资，民营资本活力不足，企业投资参与不够。综合而言，当前内外发展环境变动下，东北振兴中的投资驱动地位在不断恢复和强化，但是东北振兴中的投资驱动效率不断下降且不稳定，东北振兴迫切需要寻求新的投资治理加以补充和稳定东北振兴中的投资驱动效应，即东北振兴有着由投资驱动向投资治理驱动转型和深化的现实需要。

东北投资治理是治理理论在投资活动中的具体实践，是东北地区区域投资活动的最新概括。相对于传统的政府管理体制，治理理论更强调一个多主体参与的合作框架，将区域投资活动从被动从属关系推进至合作互动关系，这对破解东北地区过分依赖政府投资、企业投资动力不足问题有着天然的适用性。同时，东北投资治理兼具着"经济振兴"和"体制改革"的双重使命，不仅是破解"新东北现象"、驱动新一轮东北经济振兴的重要动力，还包括供给侧结构性改革背景下东北地区投融资体制改革、营商环境优化、"放管服"改革的重要内容，其既可以输出投资保障短期需求拉动，也可以释放长期供给效应，改善经济质量，可以形成对投资驱动的重要补充和深化，甚至完成替代，这对解决当下内外发展环境变化下的东北投资驱动效率不足有着现实意义。

而如何实现东北振兴由投资驱动向投资治理驱动的转换是一个系统的实践问题，需要深入考虑以下问题。一是投资治理对东北全面振兴的适应性问题，如原有的投资驱动产出维度是否过窄？转向投资治理驱动的振兴产出维度是否可以适度扩展？东北全面振兴又是否意味着全部振兴？投资治理的效应边界能否都触及？如果不能或者面临效应分散的问题，投资治理驱动应集中在哪些绩效维度？即投资治理驱动的治理宽度应有多少？二是投资治理对东北全面振兴的效应性问题，即是否存在面向东北全面振兴的治理驱动效应？东北振兴中的投资驱动效应是否可以深化为投资治理驱动效应？如果可以，其具体构成是什么？这种效应是局部的还是整体的？如果是局部的，具体又表现在哪些细分维度？即投资治理驱动的治理精度应该有多细？三是投资治理对东北长期振兴的效应性问题，投资治理驱动是否存在对投资驱动效率的自改善效应？如何破解东北振兴长期依赖投资驱动却因投资驱动效率边际下降而导致的屡振不兴困境，解决东北振兴的长期赋能问题？换言之，要考虑投资治理驱动的治理长度有多长，投资驱动的效率自改善是否构成投资治理的长期目标。四是投资治理对东北振兴中投资内生动力不足的改善问题，即是否存在投资治理对投资驱动的改善效应？除了改善投资驱动的长期效率，还应从根本上改善东北振兴中投资驱动的内生动力问题，以破解东北振兴过分依赖政府投资、企业投资动力不足的困境，也从根本上回应"投资不过山海关"问题。换言之，要考虑投资治理驱动的治理力度是否力透纸背，是否作用于根本而非表象，是否服务于长期供给改善而非短期需求刺激。最重要的是，以上四个基本问题的解答将东北振兴从经济增长推进到经济发展、效率改善、内生驱动等更深层次，由此需要依托一套全新的投资治理框架，以超越经济增长视角下传统的大基建投资驱动模式。

新基建对此提供了新优化视角和新优化框架。2018 年 12 月 19 日—21 日，中央经济工作会议在北京举行，会议重新定义了基础设施建设，把 5G、人工智能、工业互联网、物联网定义为"新型基础设施建设"。新基建是新型基础设施建设的简称，具体分为三类：信息基础设施、融合基础设施、创新基础设施。相对于"大基建"，新基建的投资结构转向基建短板项目和科技创新项目，还包括在"制度基建"上的投资。新基建的本质是围绕数字化对经济社会物质基础的全面改造，其经济绩效不再局限于增长，更加丰富；新基建对经济发展的驱动从传统的规模驱动转化为要素配置—质量提升—结构优化的全面驱动；新基建的数字化红利决定了其驱动效率是长期增长的；新基建本身意味着更多元的投资主体和全新的合作投资架构，内生投资动力较为强劲。新基建的这些新特征对东北振兴中投资治理的投资产出维度、投资治理逻辑、投资效率治理、内生动力培育均产生新的影响，以此带来一个新的投资治理框架，为深化东北投资驱动、优化东北投资治理带来新视角和新启发。

由此，本书基于新基建投资治理优化视角，多维检验并探究东北振兴中多层次的投资治理效应及优化问题，以期推进东北振兴由投资驱动转向投资治理驱动，实现东北振兴的动能转换和驱动深化。

1.1.2 研究意义

从政策视角看，东北振兴不仅仅是一个经济问题，更是一个治理问题，东北振兴的突破依赖治理视角的突破，而投资治理对东北振兴的意义重大甚至具有决定意义。横向对比而言，投资治理在东部、中部、西部地区的战略意义都不及东北地区，其不仅关系到老工业基地振兴、资源枯竭城市转型、落后产业结构调整、生态文明建设等经济治理的各个维度，还对东北人口老龄化、人才流失、就业与社会保障、社会体制改革等社会治理具有间接影响，更关系到东北振兴由依赖投资驱动转向依靠投资治理驱动的新旧动能转换和完善问题。换言之，投资治理在整个东北振兴治理中占据核心维度。从区域发展路径对比来看，投资治理路径相对东北振兴的产业结构治理路径、体制改革治理路径、全面深化治理路径等振兴治理路径更为前置，也有效统合和联结了这些路径，促使其不断向创新治理路径聚集，由此，投资治理将成为东北振兴治理的主要路径。基于投资治理的区域振兴意义和区域治理意义，有必要对其治理效应进一步检验和优化。

从学术研究角度来看，现阶段关于东北振兴的投资治理的研究多是碎片式的，内嵌于东北振兴或投融资改革之中，并未形成系统性的研究和解释，研究的广度和深度都有所不足。本书试图从新基建视角切入，为东北投资治理开拓新方向，并构建新的解释框架，进而系统回答东北投资治理的治理宽度问题（主要绩效维度）、治理细度问题（主要治理逻辑）、治理长度问题（长期效率改善问题）、治理深度问题（内生动力培育），使东北投资治理形成一个相对独立和完整的研究规范，一定程度上拓展东北振兴的治理视野，深化东北振兴的动能转换机制。

就实践价值而言，本书可以在以下方面提供具体指导：一是为东北振兴中的投资政策制定提供更多依据。本书系统地研究了东北振兴中的投资治理的驱动效应和长期投资驱动效率改善等问题，为东北地区优化投资供给、提升区域投资效率等方面的政策制定提供了具体的思路，可以供东北各级地方政府参考。二是本书基于博弈演化分析了东北投资治理博弈中投资内生动力优化的问题，一定程度上破解了"投资不过山海关"的困境。三是通过东北治理驱动优化实现了东北在供给侧和需求侧双侧驱动经济振兴和制度改革的二元统一，在东北地区政府主导的投资模式崩溃后，为东北地区的"投资驱动振兴"逻辑提供了新的模式选择，并给出了东北投资治理的优化路径。

1.2　已有研究评述

基于东北振兴绩效、东北振兴治理重点、东北振兴治理路径、东北振兴投资治理研究四个维度的文献归纳，本书初步梳理了东北投资的振兴绩效背景和治理优化视野，限于篇幅，不作赘述。总体来说，有关东北振兴中的投资绩效评价和治理优化研究已经取得了较为丰富的前期积累成果。

但是，纵观东北振兴绩效和效率评价的非参数研究、宏观层面研究、微观层面研究，关于东北振兴绩效的评价仍然沿袭中国经济发展绩效的基本框架，导致东北振兴绩效的评价研究缺乏独立性和差异性，未能提炼东北地区独有的核心绩效维度，特别是对于投资这一核心政策特征的振兴绩效缺乏专门研究。

东北振兴的核心治理内容和治理路径研究也面临类似缺陷，即针对东北地区的差异性研究不足，东北振兴问题在高质量发展绩效框架或者供给侧结构性改革治理框架下，缺乏一个地区独有的解释框架。大多数学者在评价东北振兴绩效、探索东北振兴治理时，投资都是一个基本的解释变量和治理路径，但是关于东北投资的内生治理视角不够深入。

一方面，多数学者关注到了资本存量、新增固定资产投资、人力资本投资甚至创新投资、制度投资的细分维度，但是如此划分，放在整个中国宏观发展框架下较为适宜，而东北地区发展实际尚不能支撑如此细腻的区分，不过仅考虑固定资产投资作为治理投入绩效，确实已无力应对东北地区边缘化压力不断加大的事实。东北地区的投资既不能沿袭2008年的传统路径，也不太可能再借助2015年以后全国房地产投资新一轮扩张缓解内部结构问题，同时东北地区的投资供给水平面临较大压力，区域内产业缺乏协同和更新导致投资内生需求也不充分，因此东北投资绩效评估不能拘泥于经济增长，也不能一味套用全国性的绩效评估框架，而是需要一个因地制宜的地区性绩效框架，在非平衡性增长的同时兼顾平衡性增长。

另一方面，东北地区对投资的依赖性短时间内不会有较大变化，这决定了东北投资在相当长一段时间内仍然是统合东北地区产业结构升级、体制机制改革、深化对外开放的最大公约数和最优联结点。但是就现有的东北振兴治理研究来看，无论是东北振兴的重点难点，还是东北振兴的新内涵，或者是东北振兴的产业治理路径、系统治理路径、深化治理路径，对东北投资的功能认识仍存在缺位。尽管投资性根源是"新东北现象"的重要解释，东北投资的规模下降也与东北经济总量下滑密切相关，但是这侧面说明，东北振兴的路径不可能绕过投资治理。投资可以成为东北衰退的起点，也可以成为东北再次振兴的起点，这是因为投资兼具需求侧和供给侧双侧驱动的经济振兴效应。基于凯恩斯"三驾马车"的需求分析框架，投资的需求刺激效应可能集中于短期，但是在哈耶克发展经济学和供给学派框架下，投资供给优化可以具备"逆"经济周期效应，在平抑周期波动、促进经济转型方面发挥长期效应。因此，东北投资治理可以单独成为东北振兴治理的一个新维度。

当前，关于东北投资治理的研究主要取得了以下进展：一是对投资在东北振兴中的地位认识不断深化；二是东北投资的经济绩效评价上更加充分；三是对东北投资的驱动效应分析更加细致；四是东北投资治理的结构路径不断优化。但从总体来看，东北投资治理尚未构建自己独立的研究框架。

首先，关于东北投资的绩效评价仍然内置于东北振兴整体绩效评价框架中，对东北投资的专有绩效缺乏专门研究。早期研究多沿用总量产出水平作为投资绩效的主要维度甚至唯一维度，但是实践证明，仅靠东北投资在需求端的短期刺激效应取得振兴是不可持续的，仅考虑产出水平缺乏对东北投资的作用认识过于单一。尽管一些学者从新发展理念出发构建了东北振兴绩效评价体系，但是投资作为经济性活动，其绩效范围有一定的边界，用新发展绩效框架对东北投资绩效加以考察边界过宽，投资的绩效损失较大。

其次，东北投资的治理逻辑尚未理顺，东北投资不仅有需求侧进行治理的逻辑需求，还有在供给侧进行治理的逻辑需求。在新一轮东北振兴过程中，投资及投资体制机制改革仍然是东北地区产业结构升级、体制机制改革、进一步扩大开放的主要统合点、破局点和发力点，然而投资治理的逻辑尚未被认识和理顺。有关东北振兴的治理路径大致可以归纳为产业路径、系统路径和深化路径三种类型，其本质上是对东北地区不同要素配置不同领域不同层次的归纳，但是如何统一这三种路径，需要一种更前置的区域要素配置路径，无论是产业升级还是体制机制改革亦或是对外开放，都离不开投资及其改革的支持，因此如何沿投资路径统一各种振兴路径需要新的投资治理逻辑支撑。

再次，东北投资的效率研究需要进一步推进。投资效率可以视为东北地区资本增加和资本配置的基本效率，直接影响东北振兴中的投资驱动效应大小，是解决东北投资困境的关键着力点。当前，由于东北投资研究未能从新一轮东北振兴研究中独立并确立地位，作为其子维度的东北投资效率专门研究也开展较少。在效率指标测算上，已有研究多采用增量资本产出率、投资贡献率等简单指标，其缺陷在于默认投资只有地区生产总值一种产出单元，而且产出均由投资贡献，这种效率评价在东北振兴依赖规模驱动时较为合适，但是在新发展阶段振兴视角下，效率损失较大，也缺乏解释宽度。亦有学者从全要素生产率及其分解效率出发，解释宽口径下的投资效率，这种视角下全要素生产率中的规模效率和要素配置效率可以视为投资效率，不过这种效率评价将劳动力视为一种人力资本投资，衡量的是一种更宽泛的资本效率，用来解释东北地区最重要的物质资本投资缺乏区分度。而且，投资效率的研究缺乏计量支撑，对理论上影响投资效率的因素缺乏计量检验，对投资治理逻辑、投资体制等关键因素的影响更缺乏探讨。

最后，东北投资的治理困境缺乏解释。在补齐投资绩效短板、理顺投资治理逻辑、优化投资驱动效率之后，东北投资仍然面临着"投资不过山海关""民间投资不充分"等治理困境，这成为制约东北投资治理发展的主要桎梏。东北地区的边缘化压力不断加大，中央政府从税收优惠、产业扶持政策、项目制投资拉动等路径强化东北地区的外生动力，但东北地区的发展必须依靠自身内生动力，东北投资的活跃性关系到产业内生动力、改革内生动力、开放内生动力等的培育和强化。不过东北地区以基建为代表的公共投资对东北地区民间投资的溢出效应有限，且未形成完整的区域投资循环，政府投资多在体制内空转，企业投资意愿不高，对外部民间资本也缺乏吸引，东北投资的内生动力不可持续。现有学者多试图从营商环境治理角度出发改善政府市场关系，但缺乏基于投资主体利益冲突视角的关系解释，并未触及投资治理困境的真正内核。

总体而言，东北振兴的核心梗阻在于东北经济的内生动力不足，而投资治理是培育经济内生动力的必然路径。当前的东北投资治理不能说不存在，但是从投资绩效评价到投资治理逻辑再到投资治理效率优化及至投资困境解决，仍然遵从一种深受计划体制影响、脱胎于传统投资管理架构的治理框架，这种治理框架以"水电路桥"等大基建投资为城市化提供条件，依靠房地产拉动工业化，进而追求投资的规模效率，以驱动东北经济振兴。概括来讲，当前的东北投资治理仍然在"大基建"投资治理框架下进行，这种治理框架缺乏对新发展阶段东北振兴的解释能力和指导能力，也无法在东北内部培育长期的内生投资需求和供给，因此迫切需要一种全新的治理框架，以统合东北投资的多元非平衡产出、丰富并理顺东北投资的治理逻辑、系统改善东北投资效率、内生解决东北投资困境，催生东北投资的内生动力，进而从产业、改革、开放等维度培育东北振兴的内生动力。

1.3　研究目标、内容及方法

1.3.1　研究目标

本书的研究目标是优化东北投资治理，推进东北振兴由投资驱动转向投资治理驱动。围绕这个目标，本书拟提出新基建投资治理优化框架，建立统一的东北投资绩效评价框架，检验东北投资驱动的"增长""发展"绩效，进而检验东北投资治理多种逻辑划分的驱动效应；在测度东北投资驱动效率基础上，判断东北投资治理的赋能效应；基于演化博弈模型，解释新基建投资治理模式对东北投资的内生动力培育问题的解决。具体如下：

第一，本书拟在梳理投资经济学、投资治理理论、新基建经济学的基础上，提炼东北投资驱动背后的"大基建投资治理"模式，并以此为基础，讨论"新基建投资治理"模式的架构，进而提出新基建投资治理优化框架，以明确新基建投资治理优化视角下，东北投资治理的绩效维度、治理驱动逻辑、驱动效率优化、内生动力培育等问题。

第二，本书拟讨论投资治理对东北全面振兴的适应性问题，如原有的投资驱动产出维度是否过窄，转向投资治理驱动的振兴产出维度是否可以适度扩展；东北全面振兴又是否意味着全部振兴，投资治理的效应边界能否都触及，如果不能或者面临效应分散的问题，投资治理驱动应集中在哪些绩效维度，即投资治理驱动的治理宽度应有多宽。在此基础上，将"增长"纳入"发展"绩效的前置维度，构建东北投资治理驱动绩效框架，并借此检验东北投资的驱动效应，并给出投资驱动是否仍适应于东北振兴的判断，明确东北投资驱动的具体地位，把握东北投资治理的现实基础。

第三，本书拟讨论投资治理对东北全面振兴的效应性问题，即是否存在面向东北全面振兴的治理驱动效应；东北振兴中的投资驱动效应是否可以深化为投资治理驱动效应；如果可以，其具体构成是什么，这种效应是局部的还是整体的，如果是局部的，具体又表现在哪些细分维度，即投资治理驱动的治理精度应该有多细。本书拟在东北投资治理驱动绩效框架下，依托新基建投资治理视角，将东北投资治理划分为三类六种投资治理逻辑，具体包括投资数量治理逻辑、投资质量治理逻辑、投资区位治理逻辑，进而对三类治理驱动效应分别检验和综合判断，然后分省份讨论这些驱动效应的异质性。之后，依据实证检验结果，给出东北振兴是否已转为投资治理驱动的判断，并明确东北投资治理驱动的具体效应特征。

第四，本书拟讨论投资治理对东北长期振兴的效应性问题，即投资治理驱动是否存在对投资驱动效率的自改善效应，以此破解东北振兴长期依赖投资驱动却因投资驱动效率边际下降而导致的屡振不兴困境，解决东北振兴的长期赋能问题。在此基础上，将投资驱动效率改善纳入东北投资治理驱动绩效框架下的长期绩效维度，检验投资治理逻辑、投资治理体制对投资驱动效率的具体影响，判断投资治理对投资驱动效率的赋能效应，并探究投资体制对赋能效应的具体调节，尝试发现投资体制是否存在对投资治理赋能效应的门限调节效应。之后，依据实证检验结果，给出东北投资治理是否存在对投资自驱动的判断。

第五，本书拟讨论投资治理对东北振兴中投资内生动力不足的改善问题，即是否存在投资治理对投资驱动的改善效应，这种改善效应除了可以改善投资驱动的长期效率，还可以从根本上改善东北振兴中投资驱动的内生动力问题，以破解东北振兴过分依赖政府投资、企业投资动力不足的困境。本书拟基于传统基建投资治理模式和新基建投资治理模式的对比，讨论系统动力学视角下的政府企业投资治理演化博弈，以解释新基建投资治理模式下的企业投资参与问题，并给出东北投资治理是否存在改善投资内生动力的判断。

1.3.2 研究内容

为达到以上研究目标，本书的研究内容一共分为8章，具体如下：

第1章给出了研究背景与意义，已有研究评述，研究目标、内容及方法、研究创新点。发现关于东北投资治理的研究主要取得了以下进展：一是对投资在东北振兴中的地位认识不断深化；二是东北投资的经济绩效评价更加充分；三是对东北投资的驱动效应分析更加细致；四是东北投资治理的结构路径不断优化。但总体来看，东北投资治理尚未构建自己独立的研究框架，具体包括：关于东北投资的绩效评价仍然内置于东北振兴整体绩效评价框架中；东北投资的治理逻辑尚未理顺；东北投资的效率研究需要进一步推进；东北投资的治理困境缺乏解释。

第2章主要介绍本书的基本概念，重点梳理投资驱动经济增长相关理论、投资治理驱动经济发展相关理论、新基建经济学，最后在这些理论基础上建构新基建投资治理优化框架。基本概念主要包括投资、投资绩效、投资治理、新基建四个概念。投资驱动经济增长理论主要围绕投资经济学展开，包括一般投资驱动经济增长理论和区域投资驱动经济增长理论；投资治理驱动经济发展理论从结构视角出发，从治理目标、治理逻辑、驱动效率、驱动动力等维度讨论投资治理的作用；新基建经济学主要围绕新基建促进经济发展的三条路径展开。新基建投资治理优化框架主要包括"大基建投资治理"模式、"新基建投资治理"架构、新基建投资治理分析框架三方面展开。

第3章检验了新基建投资治理优化视角下的投资驱动效应，以把握东北投资治理基础。首先，本章讨论了新基建投资治理优化视角下的主要绩效维度，具体包括单位投资效益、产业升级、就业消纳、技术进步、创新创业五个维度，并将经济增长纳入其前置维度，建立东北投资绩效分析框架。其次，利用2003—2019年东北地区37个地市面板数据，采用固定效应模型讨论了增长视角和发展视角下投资驱动绩效，在发展视角下作了分维度检验，进而给出东北投资驱动是否仍适应于新基建投资治理框架的判断。

第4章首先基于新基建投资治理优化框架，归纳并讨论了东北振兴的投资治理逻辑划分，以此建立东北投资治理数量治理驱动、质量治理驱动、区位治理驱动三类六种驱动效应划分。其次，基于统一的东北投资发展绩效框架，利用2003—2019年东北地区37个地市面板数据，采用固定效应模型，依次检验了上述三类治理驱动效应，最后进行综合回归，给出东北投资治理驱动效应的整体判断。

第 5 章将东北投资驱动效率改善纳为东北振兴投资绩效的长期维度，并利用数据包络分析方法，利用 2003—2019 年东北地区 37 个地市面板数据，测度了东北振兴中的投资驱动效率。随后，利用面板 Tobit 模型，分步和综合估计了投资治理逻辑、投资体制对投资驱动效率的具体影响，并讨论了投资体制对投资治理赋能效应的调节效应，在此基础上，挖掘了各投资体制变量对各类投资治理赋能效应的门限效应，以寻求东北投资治理的效率突变。最后，给出东北投资治理赋能效应的综合判断。

第 6 章主要证明，新基建投资治理模式可以有效解决东北振兴中的投资内生动力不足问题，即东北投资治理对东北投资的元驱动效应。本章首先解释了东北投资治理的内生困境，即投资动力不足带来的问题；其次，构建东北振兴中的投资治理博弈模型，并将其划分为传统基建治理和新基建治理两种模式；再次，讨论了两种模式四种情境下政府和企业二元投资主体的博弈均衡解；最后，依据博弈均衡结果，给出企业资本和政府二元投资博弈策略选择。

第 7 章主要从投资治理宽度、投资治理细度、投资治理长度、投资治理深度四方面，对应新基建投资治理框架的治理目标、治理逻辑、效率改善、内生动力等维度，提出优化东北投资治理、转换东北振兴动能的建议。

第 8 章综合给出了东北投资驱动地位、东北投资治理驱动效应、东北投资治理赋能效应、东北投资治理内生动力的具体判断，解答了东北振兴投资绩效评价、治理驱动效应检验、治理赋能效应检验、治理内生动力培育等投资驱动转向投资治理驱动的系统问题。

1.3.3　研究方法

（1）理论分析法

首先，本书通过梳理投资驱动经济增长理论和投资治理驱动经济发展理论，论证了投资治理在需求侧和供给侧的双侧驱动效应。其次，介绍了新基建经济学，为创新投资治理视角提供启发。最后，基于上述三个理论，搭建了新基建投资治理优化架构，形成本书的理论分析框架。

（2）规范分析法

本书划分了东北投资治理的三种治理逻辑，将投资治理驱动划分为三类六种驱动效应；本书确立了东北投资治理的五大维度绩效，并将经济增长纳入投资绩效前置维度，将投资驱动效率改善纳入投资治理的长期绩效维度，以此构建一个多层次的投资绩效分析框架。这些驱动效应划分和绩效分析框架包含了本书的价值判断，形成了本书的分析标准和依据。

（3）博弈分析法

本书基于系统动力学，构建东北投资治理的政企博弈模型，并探讨传统基建治理模式和新基建治理模式下的投资博弈均衡解分析，基于博弈均衡点的稳定性分析对东北振兴中的投资内生动力的问题进行了分析和针对性解释，并根据博弈均衡分析结果，给出东北投资治理二元部门动力优化的博弈策略。

（4）实证分析法

本书的实证研究主要集中在计量分析维度，本书基于2003—2019年东北地区37个地市的宏观统计数据进行研究，立足于面板计量模型进行实证检验。在具体的实证分析中，本书依次分析了东北振兴中的投资绩效、投资治理驱动效应、投资治理赋能效应，在投资治理赋能效应检验中还基于同样维度下的宏观面板数据测度了东北振兴中的投资驱动效率。

1.4　研究创新点

本书的主要创新点在于：

一是提出新基建投资治理优化框架，为东北振兴由投资驱动转向投资治理驱动提供了优化依据。具体来说，发现了新基建与投资治理的内在一致性，并在新基建经济学的基础上，基于"大基建投资治理"模式的比较视角，提出投资治理目标、投资治理逻辑、投资驱动效率、投资内生动力四个维度的新基建投资治理优化框架，依据此框架将经济增长纳入东北投资治理绩效的前置维度，将人均产出、产业升级、就业消纳、技术进步、创新创业确立为投资治理发展绩效的五个主要维度，并将投资驱动效率纳入投资治理绩效的长期维度，构建了"前置绩效-核心绩效-长期绩效"的绩效评价框架，为东北投资治理中的投资驱动效应优化、投资治理驱动效应优化、投资治理赋能效应优化提供依据。进而依托新基建投资治理架构本身，为优化东北投资内生动力提供依据。

二是基于系统动力学，构建东北传统基建投资治理和新基建投资治理下的政企演化博弈模型，对东北投资治理的中投资内生动力不足问题作了针对性解释，为优化东北投资治理、培育投资内生动力提供了理论依据。

三是从东北振兴的新旧动能转换视角将东北振兴从发展问题转换为治理问题，并借此将东北投资驱动治理从东北振兴评价中独立，依据新基建治理优化框架为其提炼三类基本治理逻辑——投资数量治理逻辑、投资质量治理逻辑、投资区位治理逻辑，选取2003—2019年东北地区37个地市面板数据，构造固定效应模型和面板Tobit模型，分析这三种逻辑对经济发展的驱动效应和对投资驱动效率的赋能效应，并在长期效率赋能视角下，构造门限效应模型，发现各投资治理逻辑基于多个门限效应的赋能效率突变，在一定程度上丰富了东北投资治理视角和实证研究。

2 基本概念与理论基础

2.1 基本概念

2.1.1 投资

（1）资本

投资的本质是对资本的配置活动，因此定义投资应该以资本的概念边界为基础。在前古典经济学中，人们对资本的认识还停留在货币阶段。重农主义者魁奈最早讨论了资本的概念，他认为农民在进行农业生产时所预付的开支即为资本，其贡献在于强调了资本的预付性特征。进入工业社会后，杜尔哥继承了资本的预付性特征，认为"预付是经济活动中一切部门所必需的"，并且强调这种预付能"积累价值"，由此，资本还具有可收益性特征。

在古典经济学中，资本则突破了唯货币形态。亚当·斯密认为资本是生产要素的存量部分，从这一角度看，实物资本的概念正在形成，但是斯密并没有解决货币资本和实物资本的一致性问题。马克思将资本的概念带入一个新认识阶段，认为资本是商品存量价值的总和，并在一定程度上影响生产关系，即资本具有社会属性。

在新古典经济学中，资本的货币形态和非货币形态得到了统一。马歇尔划分了货币资本和资本品的区别，货币资本通过投资收取利息，资本品通过投资获得准租金。希克斯指出，资本品和货币资本是资本的两种形态，两种形态可以相互转换，货币资本刚好是购买资本品的总和，萨缪尔森随后也采用了此观点。

进入到知识经济和数字经济时代，资本的概念从实物资本形态拓展到了智力资本形态，广义的智力资本包含人力资本和制度资本。同时，随着现代金融的发展，资本的概念也拓展到有价证券等非实体资本边界。不过，无论资本形态如何变化，希克斯经典二分法仍然适用，资本都可以划分为货币资本和非货币资本，非货币资本可以通过货币资本交换所得，反之亦然。

（2）投资

从资本配置出发，投资可以理解为资本在货币资本形态和非货币资本形态之间的转换活动。在此基础上，学界对投资有两种主流解释：一种强调投资的预付性和收益性，认为投资是为了获取收益而预付一定的货币资本或者实物资本，进而经营获利的资本积累活动；另一种强调资本的向量性，指出投资过程是一种价值生产过程，只有实物资本形成实际的生产活动时，投资才真正形成，其总伴随着产品生产、新厂房和新工器具的生产而产生[1]。

综合两种逻辑，本书认为投资是为了获取新的价值，而预付实物或者货币等形态的资本，通过资本形态的向量变化产生新的生产力的活动过程。按货币资本和非货币资本的划分标准，投资可以划分为货币资本投资、非货币资本投资、混合投资，也可以按是否将货币资本转换为实物资本划分为实体直接投资和实体间接投资[2]。本书所研究的东北投资

---

① 李伶俐，王定祥. 投融资体制与经济发展的理论关系研究 [J]. 重庆社会科学，2005（3）：8-11.
② 蒋宇宁，关文. 东北振兴中的投资驱动分析及三螺旋优化 [M]. 太原：山西人民出版社，2021.

主要集中在将货币资本转换为实体直接投资这一范围。在宏观投资活动中，投资具有明显的层次性，本书所研究的东北投资是一个明显的区域投资的概念，其在本质上和全国性的投资活动并无区别，但是更侧重从区域视角考量投资绩效、投资效率、投资逻辑等投资治理指标。

2.1.2 投资绩效

（1）投资绩效

从上文投资的定义出发，投资绩效可以视为投资过程中资本新增价值、生产转换效率、资本转换效应的综合评价，具体在东北振兴治理中，可以理解为投资驱动绩效。投资本身是一种经济活动，因此，与投资的基本目的一致，评价投资绩效也是为了更好地获取新增的资本价值，并且在这一过程中产生溢出效应，如生产力的提升、生产效率的改善、驱动效应的改善等等。同时，投资兼具治理属性，投资的溢出效应也会扩展到就业、科技创新、开放、环保、区域协同等维度，因此投资的新增价值可以有多种形式和多个层次的表现。具体来讲，投资绩效评价包含三个层次：一是对投资活动产出的评价；二是对投资驱动效应的评价；三是对投资驱动效率的评价。

在东北振兴情境中，东北投资面临非平衡增长的压力，因此其投资产出仍要以经济产出为主，兼顾其他发展问题的解决，但是切忌平均用力，应当认识到：东北振兴的前置维度仍然是经济稳定，东北振兴的基本维度则是经济效益的提升和技术进步，东北振兴的核心维度仍然是结构问题，东北振兴的主要制约是科技创新，东北振兴的上限在于人才和就业问题的解决。

（2）投资驱动

投资驱动是上一轮东北振兴中经济增长的典型特征，即经济增长主要依赖于固定资产投资。新时期东北振兴中的投资驱动是一个系统、动态的概念，强调了东北振兴中的路径特征。投资驱动本身蕴含在多元绩效评价中，对产出效益、产出质量、产业结构、就业结构、公共服务等方面具有局部效应，对东北全面发展也形成合力。另外，投资驱动本身是一个集合效应，是投资规模的扩张、投资质量的提升、投资结构的改善、投资环境的优化带来的综合效应。最后,投资驱动具备多层次的驱动效应,投资驱动自身的绩效侧重会形成目标驱动效应,投资驱动对增长和发展有直接驱动效应,投资驱动效率的改进则对增长和发展有间接驱动效应,投资驱动模式的选择和优化则决定了东北振兴的元驱动效应,即东北投资的内生动力来自哪里。

本书主要关注东北投资治理逻辑下的三种直接投资驱动效应:一是规模驱动效应,投资在东北的乘数效应仍然存在,东北经济增长的水平效应仍然是短期需求刺激拉动,因此保障东北投资的规模就很有必要。二是质量驱动效应,质量驱动效应可以拆解为单位投资效益提升和结构优化效应,前者有可能是依赖于技术效率,后者则有可能得益于要素配置效率。三是协同驱动效应,包括区域内投资协同和与区域外的投资协同,本质上是由投资竞争转向投资合作带来的驱动效应改善。

本书还重点关注投资驱动的间接效应,即投资驱动效率的改善问题。在投资驱动效率维度,东北投资的内外环境和体制均有可能成为投资效率的影响因素。此处的投资驱动效率是投资的宏观效率,可以简单理解为投资和产出的比值,如增量资本产出率(ICOR)的概念就来自于此,但是如此处理的投资驱动效率过于粗糙。本书探讨的投资驱动效率则是东北经济振兴过程中投资多元产出下的宏观效率。在投资活动内部,投资主体结构、投资客体结构、投融资结构都会影响资本配置效率,进而影响投资的驱动效率。在投资体制外部,外贸、消费、财税体制、政治激励、市场化进程、工业化水平也有可能直接或者间接对投资的产出效率产生影响。另外,投资产出的选择和投资驱动效应的主次也有可能对投资驱动效率产生内生影响。

综上,在绩效维度,东北投资驱动有产值效应、产业效应、就业效应、技术效应、公共服务效应的划分;在动力分解维度,投资驱动有规模效应、质量效应、结构效应、环境效应的区别;在效应层次上,有目标驱动、直接驱动、间接驱动、元驱动的驱动层次。本书主要在第3章投资绩效分析基础上判断分目标驱动效应和总目标驱动效应,在第4章判断投资的直接驱动效应,在第5章投资治理赋能效应的基础上解释间接驱动效应,在第4章、第5章中的投资治理逻辑归纳上涵盖投资驱动的规模、质量、结构、环境效应，在第6章政企投资演化博弈的基础上讨论投资的元驱动效应。

2.1.3　投资治理

（1）投资治理

投资治理是投资经济学和治理理论的交叉概念。从上文投资的定义出发，投资治理主要针对资本向量转换这一过程进行治理，其目的是产生更多的生产力。投资治理也具有边界性和层次性，本书所提出的东北投资治理也是一个区域经济治理的概念，而且主要集中在对实体直接投资的治理上。

从治理理论出发，投资治理是一个系统的工程，包含投资治理目标、投资主客体、投资治理逻辑、投资治理工具、投资体制、投资治理机制等维度。治理理论使区域投资活动脱离了单一的经济活动属性，为投资活动增添了更多的公共管理属性。治理理论认为，区域投资活动不仅仅依赖市场机制驱动，还存在一种无形的区域主体在调节市场投资活动（这为解释东北振兴战略提供了新的契合视角），而且这种区域主体超越了传统体制下的政府单一主体，使更多的区域投资主体参与到这一过程中，并且构建一种平衡的决策地位，使投资管理转型为投资治理。

从投资经济学出发，投资治理应该考虑投资收益、投资效率、投资驱动效应、投资环境、投资动力等维度的内容。投资经济学明确了投资治理的目的和价值原则，强调投资绩效的持续优化是投资治理的长期目标，投资效率的改善也是投资运行的基本原则。投资经济学赋予了东北投资活动在东北振兴战略实施中的重要地位，使投资治理具备经济振兴的基本任务属性，并成为联结产业结构调整、体制机制优化、深化对外开放的关键枢纽。投资经济学视角下，投资活动本身就是一种治理过程，市场机制则是一种基本的治理机制。

从二者的交叉视角来看，一个国家或者地区的投资活动的开展总是被两种层次的关联因素所影响：一种是具体的投资经济政策，如产业投资政策、融资政策、营商环境政策等，这类因素比较直观，深入到投资活动的各个细节；另一种则是顶层的投融资制度设计，将其系统化和组织化后表现为对投资活动中资金融通、投入、运作、监管的具体安排，并且呈现一个相对稳态的架构设计，包括投资治理目标、投资治理逻辑、投资治理体制、投资治理机制等维度，这就是投资治理框架的概念[①]。

由此，投资治理可以构建出一个新的投资驱动解释框架，以统一投资治理驱动经济发展中的四组投资关系：一是统一投资驱动产出和投资治理目标的关系；二是统一投资治理逻辑和投资驱动效应的关系；三是统一投资环境和投资体制关系；四是统一投资治理模式和投资动力的关系。对应地，投资治理主要关注四个问题：一是投资的治理绩效选择，以优化投资的目标驱动效应；二是投资的治理逻辑判断，以强化投资的直接驱动效应；三是投资驱动效率的治理影响因素探析，以凸显投资的间接驱动效应；四是投资的动力培育问题，以挖掘对投资驱动的元驱动效应。只有如此，才有可能最终实现投资驱动向投资治理驱动的转向，推进投资治理的全面优化。

（2）投资治理逻辑

投资治理逻辑是投资治理的核心部分，决定了投资驱动的主要效应和具体模式。东北投资治理可以细分为多种驱动治理逻辑，包括竞争驱动治理逻辑和协同驱动治理逻辑、改革驱动治理逻辑和开放驱动治理逻辑、要素驱动治理逻辑和创新驱动治理逻辑、内部驱动治理逻辑和外部驱动治理逻辑等等划分。

在增长治理视域下，东北投资治理应集中在以下方面：要素治理逻辑、竞争治理逻辑、改革治理逻辑、外部治理逻辑，创新治理逻辑不够突出；协同治理逻辑缺乏；开放治理较为落后，且缺乏内部的系统治理；经济增长主要依赖固定资产投资的大规模投入；对增量投资有较高要求；地方政府保持较高的投资冲动；地方引资竞争较为激烈；多从硬件角度改善投资环境，但对存量投资缺乏优化；投资结构并非是主要关注点；投资质量不高；创新投资不足；投资"软环境"建设不足。

在发展治理视域下，投资治理的逻辑更加丰富。一是投资数量和规

[①] 蒋宇宁，关文. 东北振兴中的投资驱动分析及三螺旋优化 [M]. 太原：山西人民出版社，2021.

模的治理更加高效，地方投资冲动的动力不再集中在土地财政，新兴资本市场提供了更多公私资本合作机会，地方投资冲动更加全面均衡，地方引资竞争也摆脱了土地财政贴现下的要素价格"逐底竞争"。二是在保持投资规模的基础上，更加重视投资效益和投资结构的治理，使经济振兴从增量投资驱动转向存量投资驱动，从投资整体效益驱动转向投资边际效益驱动，从需求侧投资短期驱动转向供给侧投资长期驱动。三是投资环境的治理更加全面协调长效，既重视短期硬件建设对投资环境和投资区位条件的改善，也发现投资软环境的重要性，寻求服务差异、开放差异、改革差异、制度差异等，建立起地方区位比较优势。

按发展视域下的三类治理逻辑转向，东北投资治理逻辑表现出六个突出特征：一是地方投资冲动，突出东北投资治理的内部数量治理逻辑；二是地方引资竞争，表征东北投资治理的对外数量治理逻辑；三是人均投资产出治理，强调东北振兴中投资驱动的质量和边际效益；四是创新竞争，从投资结构升级维度补充投资驱动质量治理的内容；五是高铁开通治理，表征区域投资的对外协同治理，以及区位"硬条件"治理背后的交通联结机制；六是区域开放度治理，更多强调投资区位"软条件"建设以及内部的区域协同。

东北振兴中的投资治理逻辑对投资驱动效应也有着多维连接关系。投资治理将东北投资活动整合为一个区域上的多元治理概念，超越了投资管理的原有范畴，投资驱动目标从增长转向多元振兴，为投资驱动提供了产业结构、就业结构、技术进步、公共服务等方面的目标驱动。投资治理的逻辑是一种整体治理逻辑，既强调竞争也重视协同，既强调改革也促进开放，既强调效率也保障公平，既重视需求也优化供给。因此，投资驱动的动力分解也就更均衡，既能实现投资规模、质量、结构和环境的驱动效应的统一，也推进投资驱动效应兼顾直接效应和间接效应，短期效应和长期效应，外生效应和内生效应。

2.1.4　新基建

"新基建"概念可以概括为基于信息技术构建的新型基础设施体系建设，其本质是信息化和数字化。据国家发改委定义，新型基础设施建设是一种以信息网络为基础的设施体系，主要包括基于新信息技术演化的基础设施建设，在传统基础设施建设基础上融入数字技术形成的新兴融合基础设施建设和支撑创新研究的公共服务型设施建设三个方面①；主要集中在七个板块和领域，分别是人工智能、5G基站、大数据中心、工业互联网、城际高铁和轨道交通、特高压、新能源汽车充电桩②。

不过，"新基建"的概念边界仍在不断扩张，刘艳红、黄雪涛和石博涵（2020）系统归纳了"七大领域说""三大方面说""新技术驱动说""新要素说"等四种新基建定义，指出：新基建和传统基建是继承与发展的关系，而非割裂和对立的关系；新型基础设施建设的领域不局限于公共交通、公共设施、公共工程等经济性基础设施，还包括社会性基础设施，涵盖科研、教育、文化、卫生、环境等领域，这为新基建成为一种经济和社会治理形态提供了概念基础。

具体来讲，新基建具备新技术、新高度、新领域、新模式、新业态、新治理等"六新"特征，同时还兼具固定资产投资、现代基础设施、数字化平台三重属性③。新技术是指新基建构建了一个"开发—融合—支撑"的数字技术赋能链条。新高度是指新基建是站在数字化、网络化、智能化的基础上，面向长远发展和全球新一轮科技和产业竞争。新领域是指新基建涉及新能源、数字技术和经济、智能治理等领域，同时具备较强的产就业连带效应。新模式是指，新基建更多依托于资本市场和民企、产业投资基金等社会资本，采用PPP、专项债+社会收益债券等投融资形式。新业态是指新基建是信息经济的新形式，在改造传统经济形态、催生新型经济业态上具有独特作用。新治理是指有别于传统大基建治理的新的治理模式：一是政府主导地位弱化，企业等参与更加充分；二是数字经济带来更多治理挑战；三是大数据技术带来更好治理工具。

① 旷爱萍，蒋晓澜，常青. "新基建"、创新质量和数字经济：基于中国省级数据实证研究［J］. 现代管理科学，2021（5）：99-108.
② 胡晓峰. "十四五"时期"新基建"投融资：模式创新与路径实践［J］. 西南金融，2021（2）：61-73.
③ 郭朝先，王嘉琪，刘浩荣. 新基建"赋能"中国经济高质量发展的路径研究［J］. 北京工业大学学报（社会科学版），2020，20（6）：13-21.

2.2　理论基础

2.2.1　投资驱动经济增长理论

（1）一般投资驱动经济增长理论

投资本身是一个资本积累的过程。早在重农主义学说中，人们就意识到"预付开支"的规模和质量就影响着农业产出的水平。亚当·斯密同样强调农业资本的优先性，认为农业投资是经济增长的基础，斯密还发现了资本的增加意味着社会化分工的加快，这构成经济增长效率基础。马克思继承了此观点，并提出了剩余价值理论，指出资本积累就是剩余价值转换为资本的过程，并在现实中表现为再生产过程，并且，随着资本的积累，生产资料对劳动的比值会不断提高，资本的有机构成和劳动生产率也会提高，进而扩大生产、增加产出。

在现代西方经济学中，投资驱动经济增长的一般性假设为，在经济发展早期，尤其是在农业化向工业化、信息化转型阶段，投资需求是远大于投资供给的，资本的流入可以迅速将劳动和土地转化为经济产出。凯恩斯在此基础上总结了投资乘数-加速数效应，仅考虑资本和劳动的两部门条件下，投资的变动会取得远大于自身变动幅度的总就业变动和总产出变动，同时，在经济繁荣时，投资增速会加速上升，在经济衰退时，投资也会加速衰退。萨缪尔森肯定了凯恩斯的短期需求分析增长框架，但指出凯恩斯的投资增长是建立在投资产出比不变和投资需求大于投资供给的基础上，并且忽略了政府、财税、货币和金融等因素。

哈罗德-多马模型弥补了凯恩斯经济增长模型在长期动态效应上的解释不足缺陷，发现了储蓄对投资驱动经济增长的长期效应，指出在资本产出比不变的条件下，经济增长率取决于储蓄率，而储蓄能否转换为经济增长取决于投资活动，即资本积累率决定经济增长，新剑桥增长理论也支持了这一观点。索罗模型进一步讨论了资本产出比可变条件下，资本和劳动力之间的相互替代效应，进而强调资本存量对经济增长的作用。基于柯布道格拉斯函数，索罗模型认为，资本积累率背后的储蓄率仅有水平效应，即促进经济稳定，但没有增长效应，促进增长的为技术进步。但索罗模型在解释长期增长效应时较为乏力，因为其技术进步的假定是外生的，技术进步缺乏长期进步的动力。索罗模型发现了资本存量的作用，但是割裂了投资和技术进步之间的理论联系。内生增长理论将技术进步纳入内生变量构建 AK 内生增长模型，资本的增长可以带动技术进步，因此，只要满足资本增长率大于零，经济就可以持续增长。

（2）区域投资驱动经济增长理论

区域投资是发展经济学中的重要概念。在发展经济学中，资本形成和投资是助力一个国家或者地区早期经济发展的基础。罗森斯坦·罗丹的"大推进理论"（均衡投资理论）和罗斯托的"经济起飞"理论均强调了区域投资的充分性对经济发展的积极意义：前者认为发展中国家和地区必须在基建方面进行全方位、大规模、结构均衡的投资，才能实现经济的长期增长；后者认为提高生产性投资占收入的比重才是经济起飞的前提。纳克斯的"贫困恶性循环"理论和纳尔逊的"低水平均衡陷阱"理论均强调了投资不足带来的负面效应，即低投资造成低收入，低收入造成低储蓄和低消费，进而从供需两方面又造成低投资，形成一个逐渐恶化的经济消退怪圈。

本书在投资概念上冠之"区域"二字，表明本书的投资活动研究是立足于区域层面的，其本质与一般投资不同。区域投资是一个更为丰富的概念。区域投资不仅仅关注经济增长的问题，更关注经济的发展，将投资驱动经济增长的重心回归到投资的协同上来。另外，区域投资更关注公共投资和私人投资部门之间及其内部的协同。在私人部门投资的内部协同方面，照马歇尔的资本二分法划分，区域投资更加注重借贷资本和产业资本的投资协同，也关注借贷资本投资和区域金融发展的高度协同。从产业投资内部协同视角，区域投资关注第一、第二、第三产业的投资协同，也重视不同行业投资之间的配合。在投资主体协同方面，区域投资强调政府投资、企业投资、其他社会资本投资等之间的协同。按资本种类来讲，区域投资强调固定资产投资、人力资本投资、制度资本投资等的协同作用。因此，多投资种类的投资协同问题需要找到统一的区域投资驱动机制加以解释。

同时，据马克思平均利润理论，资本总是从利润率低的部门流向利润率高的部门，在区域投资逻辑下，资本的逐利性会带来产业和空间的双重不均衡，这制约了投资的增长驱动效应。对于这一资本运动带来的负面效应，区域投资将整个投资活动上升到一个"区域理性"的层面，通过区域投资政策的引导，为资本运动增加非个体理性因素，通过资本短期利润的让渡实现区域投资均衡，进而获取驱动经济发展的长期效应，实现投资长短期驱动经济发展效应的统一。

具体来讲：一方面，区域投资站在区域层面将整个区域内的投资活动统一起来，通过输出整体性的区域内投资战略，包括区域内的产业扶持投资规划、偏远地区经济开发规划等，强调各产业投资、各地市投资之间的均衡和协同，以此减少区域投资系统的内耗和浪费，提升区域投资安排的整体效率，最终促进区域经济发展；另一方面，区域投资关注区域内的经济网络投资，包括交通网络的投资和信息网络的投资，通过经济网络的建设连接经济中心和经济腹地，加强区域内的空间联系和协同，促进大中小城市一起发展，并通过经济网络的改善强化区域内的产业协同，进而丰富区域内的主导型产业、成长型产业、基础性产业之间的选择和配比[1]。从这个角度来看，区域投资本身带有投资治理的内涵。因此，本书的研究还需要立足投资治理对经济发展的驱动效应。

2.2.2 投资治理驱动经济发展理论

（1）治理理论

治理的概念起源于西方，其既有解释和总结西方应对"滞胀"等经济和社会矛盾的最新公共管理实践活动的需求，也有应对西方社会科学领域面临的"范式危机"的需要，本质上是为缓和西方"国家-社会""政府-市场"二元对立矛盾的尖锐发展。西方治理范式可以分为市场治理和非市场治理两类，前者大体对应国内"经济-社会-政府"三分法下的"经济治理"，后者则涵盖国内的"政府治理"和"社会治理"。从这一分界出发，治理的核心是"约束"，即通过新的公共管理体系和

---

[1] 蒋宇宁，关文. 东北振兴中的投资驱动分析及三螺旋优化 [M]. 太原：山西人民出版社，2021.

机制来缓和西方社会发展的最基本矛盾——社会化大生产与生产资料私有制之间的矛盾，并协调这一基本矛盾最新发展带来的利益冲突。

治理理论强调了公共管理上的五种突破：一是治理主体多元化，不同于科层制或者官僚制，治理的主体包括但不限于政府；二是治理过程的模糊性，治理解决的问题不能轻易地划分责任和边界；三是治理涉及集体行为时存在权力依赖性；四是治理强调自治而非他治；五是治理手段的丰富性，政府不能单纯的行政干预。治理理论吸收了"新公共管理""新公共服务"理论的最新发展，"委托-代理""公共选择""交易成本"等理论和思想也构成其思想来源，在解释公共管理问题方面具有极大跨度。具体来讲，可以划分为六种不同的治理情形：一是作为最小化的国家进行管理；二是公司治理；三是新公共管理；四是善治；五是作为社会控制体系的治理；六是作为自组织网络的治理①。

西方治理理论提供了"治理组织"和"治理机制"的概念，前者主要围绕"政府-市场""国家-社会"等二元对立基础上多主体关系展开，后者则强调公共价值与治理工具的统一。在全球化进一步发展和百年未有之大变局加速形成背景下，在数字化等新技术冲击下，治理理论的维度更加宽广，并带来了协同治理、整体治理、多中心治理、网络治理、合作治理等一般治理逻辑，其围绕"平等"治理理念展开。但是中国式的治理可以超越这些逻辑，可以立足"平等"，进一步考虑"参与"的问题，促进发展的充分和均衡。

东北投资治理是一个区域治理的概念，"治理组织"是区域层面上整体组织，在整个东北投资"治理机制"存在一只"无形的手"，来多元推动东北的投资驱动。东北投资治理的目标既有发展维度上的拓展，也有驱动效率的上限突破问题，更有整个东北投资治理模式创新问题，其治理主体不局限于政府，治理客体则是投资驱动。东北投资治理也表现出鲜明的阶段性特征，其遵循从投资管理向一元治理再到多元治理的转变，治理权力不再唯一，治理中心在增加，治理网络更加扁平，治理工具也增添了"创新""开放""数字化"等选项。

---

① 俞可平. 治理与善治［M］. 北京：社会科学文献出版社，2000：92-93.

（2）投资治理驱动经济发展理论

东北投资及治理兼具需求侧和供给侧的双驱动效应，其中，供给侧的驱动效应主要集中在投资治理上。从供给学派的观点出发，系统科学的投资治理不仅能够提供更好的投资规模、投资质量，还能提供更好的投资结构，这为投资治理驱动经济发展提供了理论依据。

关于投资结构，在部门投资结构上，凯恩斯强调了社会需求不足条件下，公共投资对拉动整体投资、协同私人投资的关键作用。在产业投资结构上，非均衡投资理论认为，在资源有限的条件下，无法同时对多个关键产业进行大规模投资，"不平衡"投资才是经济发展的基础，应优先选择关联性强的几个关键、主导产业进行投资。在资本形态结构上，人力资本理论认为人力资本是投资的外延产物，舒尔茨强调相对于物质资本投资，应优先投资人力资本。在生产要素的投资选择上，波特竞争理论认为生产要素优势构成产业竞争的优势，而生产要素可以划分为初级生产要素和高级生产要素，随着经济发展，初级生产要素带来的竞争优势会逐渐降低，因此要重视对高级生产要素的持续投资。在投资区位结构上，投资与区位优势理论认为，外来资本更愿意优先选择区位优势较好的区域进行投资，这也是我国地区差异扩大的重要原因。

考虑到投资结构的治理产出，仅用经济产出考量是不够的。就经济产出而言，人均经济产出比总量产出更能衡量经济增长水平。投资治理带来的供给侧结构驱动效应更强调经济发展而非经济增长，即使在经济增长内部，也更强调经济增长的水平效应，因为其更稳定，而且是长期的。投资治理还强调经济社会结构的调整，因此产业结构、就业结构都应该构成投资治理的多元目标。另外，从内生增长理论来看，技术进步也是物质资本和人力资本及其结构调整带来的产物，因此技术进步也应该成为投资治理的新目标。总的来说，投资治理着眼于经济发展而非经济增长，更重视人均经济产出而非经济总量，更重视经济稳定而非经济增速，除此之外，还关注产业结构、就业结构、技术进步等内生环节的改善，为经济发展提供了更多元的绩效指标，由此能够更加科学地指导区域经济发展，兼顾经济发展的各个维度。

在投资治理目标发生变化后，投资的治理逻辑也会发生相应的变化。在经济发展初期，经济增长主要依赖投资的乘数效应，因此更容易形成数量占据主导的治理逻辑。但是随着投资供给侧驱动效应的发挥，投资的增长转向长期效应，因此考虑投资质量治理逻辑更能促进区域经济发展。另外，随着经济发展到一定层次，区域经济竞争转向区域内外的经济协同，由此构成经济发展的新动力，因此考虑投资的协同治理逻辑也能进一步驱动区域经济发展。

随着投资治理的开展，区域投资的驱动效率也会发生改变，这也会进一步改变区域经济发展。投资治理本质是提供更好的投资供给，而且是供给结构的改良。这种效率改变是长期的，除了凯恩斯投资乘数为基础的规模效率，还有古典经济学中资本配置改变带来的帕累托效率改进，也有内生增长理论和人力资本理论中资本转换带来的技术效率和技术进步效率，由此来看，投资治理对区域经济效率的改善是全方位的、长期的，进而驱动区域经济的高质量发展。

最后，投资治理还能培育区域经济发展的内生动力。在发展经济学中，发展中国家和地区早期经济发展主要依赖外商投资，但是随着经济发展水平的提高，区域外商直接投资以及区域外其他资本的优势在下降，区域经济发展的投资动力变得不可持续。投资治理不仅改善了投资目标、投资逻辑和投资效率，还带来一套全新的投资架构。在这个架构下，原有的投资机制得到创新，投资环境得到改善，由政府投资和外资占主导的投资驱动模式会向多元投资共同治理的驱动模式转变，区域内私人投资能够更多地分享区域经济发展带来的成果，从而更有意愿参与到区域投资活动中来，并与区域公共投资相互协同，构成区域经济发展的内生动力。

2.2.3　新基建经济学

任泽平等学者认为新基建经济学有望成为继凯恩斯主义、新自由主义、新凯恩斯主义之后，百年宏观经济学的第四次思想革命。新基建经济学的核心是以建设科技创新为核心的软硬基础设施为契机，形成有效投资，刺激消费扩大内需，兼顾短期扩大需求和长期扩大供给的特点，兼具稳增长、稳就业、调结构、促创新、惠民生的综合作用。

新基建经济学是植根于中国土壤的经济学说。从20世纪90年代起，中国基建经历了1998—2002年（逆周期）、2003—2007年（顺周期）、2008—2017年（逆周期）三个周期，如今正处于第四个周期的起点（张燊东，2020），但是第四周期的基础设施建设表现出与前三轮明显不同的"智能化""数字化"特征，既包括传统基建的补短板项目，也包括信息科技项目，并注重"制度基建"（贾康，2020），因此相对于传统基建，新基建在平抑经济波动、稳定经济增长上有明显效应，更能帮助经济实现新旧动能转换、助力经济转型（段文斌，2020；刘凤芹、苏丛丛，2021）。

新基建赋能中国经济高质量发展主要有以下几条路径：一是作为固定资产投资行为，一方面，新基建具有乘数效应（姜卫民、范金、张晓兰，2020），可以在短期内扩大需求刺激消费，并且与传统基建相比，这种投资效应更具有"包容性"（郭朝先、王嘉琪、刘浩荣，2020；刘凤芹、苏丛丛，2021）；另一方面，可通过产业结构、技术进步、资源配置等路径间接影响经济发展的长期供给（刘涛、周白雨，2021）。二是作为数字化基础设施，为经济数字化转型提供底层支撑（郭朝先、王嘉琪、刘浩荣，2020；刘凤芹、苏丛丛，2021）。具体来说，新基建投入不仅对数字经济有直接促进效应，还通过新兴产业耦合、创新质量提高和空间溢出等效应间接传导（伍先福、黄骁、钟鹏，2021；旷爱萍、蒋晓澜、常青，2021），并能协同底层技术推动、创新平台拉动、产业融合联动等措施（赵剑波，2021）。三是作为数字化平台，通过技术创新、绿色发展、全球弹性供应链驱动经济结构转型（滕梓源、胡勇，2020），为经济发展提供新动能（郭朝先、王嘉琪、刘浩荣，2020；刘凤芹、苏丛丛，2021），进而推进产业结构升级和融合发展，加速制造业转型升级（刘海军、李晴，2020），并重塑中国参与国际分工的价值链（郭菊娥、陈辰、邢光远，2021）。四是作为新型治理模式，新基建提供了多元的融资渠道助力中国经济发展（刘凤芹、苏丛丛，2021），具体包括市场化供给、国家投资建设、公共服务合同外包、政府和社会资本合作、股权融资、债权融资等模式，以及社会效益债券、产业引导基金等工具选择（贾康，2020；王雨辰，2021；胡晓峰，2021）。

另外，新基建兼具国家治理维度，但新基建治理体系和框架尚未建立。在国家治理层面，新基建中的"国家安全基础设施和国家治理现代化基础设施"都是国家治理的基础设施，因此新基建可以作为最基础的数字基础设施，提供国家治理的工具选择（潘教峰、万劲波，2020）。同时，新基建对信息流的处理能力大幅度上升，为精准治理提供了可能。新基建具体通过破局收入分配改革、增强消费调控政策"乘数效应"、助力构建新型举国体制等推进国家治理能力现代化（潘教峰、万劲波，2020；李迅雷、徐驰，2020）。在社会治理层面，新基建通过支撑创新的智能化、创造新能力发展所需市场、助力新动能孕育壮大、促进人民美好生活实现、赋能政府治理能力等机制推进社会治理的智慧化（李晓华，2020）。在东北振兴治理层面，新基建成为东北经济社会发展的基础动力和东北全面振兴的基石，其主要肩负区域创新发展新动能、产业高质量发展新引擎、城市优化升级助推器、智慧和谐社会建设新基础的治理功能（金凤君，2021）。

2.3 新基建投资治理优化框架

2.3.1 "大基建投资治理"驱动模式

东北投资治理兼具东北振兴和制度改革的双重使命，既在需求侧有短期驱动效应，也在供给侧有长期驱动效应，是破局东北新发展格局的切入口和关键手，在稳定经济增长、调整产业结构、扩大基础就业、推进技术创新、保障民生服务等方面有着积极意义。

但东北投资治理表现出明显的基建投资领衔驱动的特征，并形成"大基建+房地产+土地财政"的投资治理驱动模式。在改革开放过程中，东北地区的经济边缘化压力不断加大，内生投资需求不足，同时出于保障就业和民生等考虑，水电路桥等大型基建投资成为需求侧推动东北经济发展的基本动力。大基建有效改善了东北地区的物流流动，包括土地等生产要素的价值被盘活，并一定程度上消化了东北地区能源流供给过剩的需求，为人流集聚下的城市化创造了基本条件，带来房地产投资的经济需求，由此鼓励了民间投资集中进入房地产及其上下游行业。在财政分权和行政放权的激励下，东北地方政府面临着有限的资源禀赋和无限的经济发展责任之间的基本矛盾，因此政府有动力推动房地产行业成为经济支柱，而不断发展的房地产继续推动了土地要素的价格上涨，政府通过出让土地获得大量"包容性"财政收入，实际财政自主度得到提升。在地方竞争的激励下，最后政府有动力也有条件开展新一轮大基建投资，由此形成东北投资治理的"大基建投资治理"模式。

但"大基建投资治理"模式在发展东北经济上有着明显的缺陷和不足：一是积累了大量的地方债问题，在财政资源有限的条件下，地方政府的投资冲动却被土地财政所鼓舞，土地财政仅需保障能够负担债务利息，地方政府就有动力继续扩大债务规模，而不断累积的地方债风险最终被转移为金融风险。二是"大基建投资治理"带来的发展收益并没有被东北地区共享，土地要素和房地产的持续溢价并没有被地方政府所得。随着房地产行业的不断发展，房价和土地价格是不断上涨的，政府分润发展收益的制度设计却是一次性的，即主要来源于土地的出让收入，而房地产的溢价主要被个人投资者所得，但是区域房地产价格不断上涨建立在地方投资的不断积累基础上——大基建投资的不断投入，简单来说，区域新增基建投资的收益被个人投资者主要获得，这注定政府主导下的大基建投资是不可持续的。三是此治理框架下，无论是政府还是企业和个人，投资都优先进入房地产及其拉动的传统能源、钢铁、建筑等行业，区域投资结构不断扭曲，进而导致东北产业结构、就业结构的扭曲，同时，经济增长以短期需求效应为主，技术创新不足，经济发展缺乏内生动力。

"大基建投资治理"驱动模式对东北投资治理本身也造成冲击：一是投资的绩效产出日益集中在经济产出规模和增速的单一维度，二是投资驱动效应主要以数量驱动效应为主，三是投资驱动的效率不断下降，四是区域投资自身的内生动力不足，投资环境缺乏改善。因此，东北地区的投资治理需要更新和完善。

2.3.2 "新基建投资治理"驱动架构

新基建提供了东北投资治理的新视角。在投资驱动效应上，除了作为固定资产投资带来的乘数效应，新基建还可以作为数字化工具和数字化平台，赋能传统产业改造、加速产业融合、推进技术进步，带来长期的供给驱动效应。在投资治理驱动效应上，由于自身投资结构、产业投资结构、资本筹集结构的巨大转变，新基建提供了一个全新的投资治理驱动架构，进而对投资产出维度、投资治理逻辑、投资效率治理、投资内生动力产生新的影响。

相对于"大基建"，新基建的投资结构转向基建短板项目和科技创新项目，还包括在"制度基建"上的投资，本质是围绕数字化对经济社会基础的全面改造，带来的是结构质变效应，对经济发展的刺激是全方位的，对新能源、新材料、先进制造业等高新技术产业来说更是利好，而且这些产业都可围绕产业数字化或者数字经济进行新一轮的扩张，因此，有别于传统大基建重点刺激房地产及联动产业，新基建刺激的是一个全产业数字化矩阵。随着产业投资结构的转变，公共投资不会在政府主导下的体制空转，资本逐利的空间大大拓展，社会资本的积极性得到释放，区域投资不再依赖土地财政支持，资本市场转而成为筹资的主要渠道。由此，新基建投资治理提供了一个"新基建+全产业数字化矩阵+资本市场"的新治理驱动架构，有望形成对东北振兴全新的投资治理驱动模式。

在"新基建投资治理"驱动架构下，由于区域投资的主力转为社会资本，区域发展的收益分配也遍及全行业，投资责任和投资收益基本均衡，"大基建投资治理"模式下地方债问题缺乏存在基础，因此会得到逐步消解。另外，"大基建投资治理"的根本动力是城镇化，"新基建投资治理"驱动东北振兴的根本动力则是数字化，数字化作为信息化发展的最前沿，其边际效率是不断增长的，不存在城镇化边际收益递减带来的不可持续问题。新基建本身就是一种投资结构的治理，促使资本倾向供给更加高级的生产要素，这些生产要素对经济发展的驱动效应是长期的，进而促使东北振兴中的产业结构更加高级，就业结构更加合理，技术进步更加明显，经济发展内生动力更加充足。

2.3.3 新基建投资治理优化框架

"新基建投资治理"架构对原有的东北投资治理有着明显的驱动优化效应。在治理产出维度，经济增长不再是核心维度，经济效益、结构改善、技术进步、公共服务完善等维度构建了更加多元的经济振兴绩效导向，促使东北转向全面振兴。在治理逻辑维度，除了乘数效应强调的数量逻辑，新基建本身也意味着数字化赋能，投资效益有不断上升的空间，投资配置也会更加合理，这会带来新一轮质量提升效应，因此投资质量治理的逻辑也应重视；另外，新基建治理可以通过强化信息流、发展新型能源流、优化物质流逐渐补平东北投资的区位劣势，因此投资区位治理逻辑也是东北投资治理的核心逻辑。在驱动效率治理上，治理逻辑的丰富自会带来效率提升效应，新基建作为数字化基础设施和平台会带来投资体制的改善，这给投资驱动效率的提升带来新动力。在投资内生动力培育方面，新基建投资治理改变了政府主导型的区域投资治理模式，也避免资本在低效区间的空转，为资本逐利开辟了新的制度空间，并且投资效率可以是不断提升的，这极大强化了社会资本参与区域投资治理的意愿，为东北振兴带来内生动力。综上，本书构建了新基建投资治理优化框架，以指导本书研究，见图2-1。

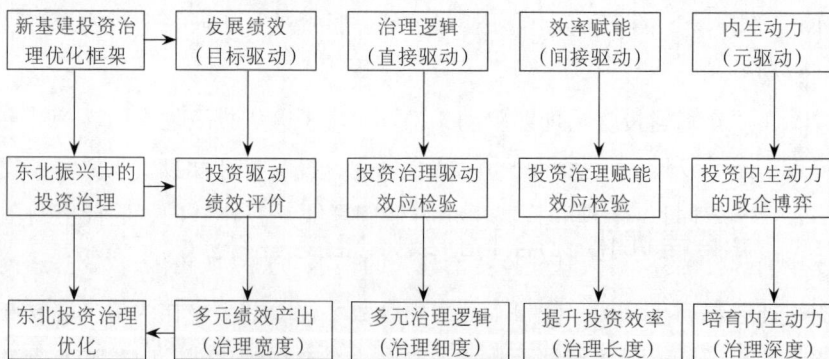

图 2-1　新基建投资治理优化框架

3　东北振兴的投资绩效评价

上一章给出了本书的研究分析框架，本章拟在其指导下，建构新基建投资治理优化框架下东北投资的多元绩效维度，并基于增长—发展的递进转换，选取2003—2019年东北地区37个地市宏观面板数据，采用固定效应模型对其进行分类检验，以明确今后东北投资治理的绩效导向；在此基础上，构建东北地区投资绩效指数进行综合检验，以判断东北投资在东北振兴中的综合驱动效应。最后，本章分样本检验了东北各省和内蒙古自治区东部五盟市地区（以下简称蒙东地区）的固定资产投资驱动分效应和总效应。

3.1　新基建优化视角下的绩效维度

新基建投资治理优化框架下，东北振兴正由增长视角转向高质量发展视角，东北投资的绩效维度也变得更加全面和多元，投资绩效指标也变得系统化和体系化，这对东北投资给出了明确的绩效导向，投资的多元激励功能得到充分认识。不过，东北投资的主要重心放在哪里，学界仍然存在较大分歧。而且，从经济增长到经济发展的切换中，经济增长不自觉地成为经济发展的对立视角，在禀赋有限的条件下，是否保经济增长就无法兼顾结构调整，又或者结构改革就不需要经济增长，这种转换值得商榷。另外，鉴于东北地区经济边缘化压力不断加大，需要考虑两个新的问题：一是经济增长是经济全面发展中众多绩效维度的并列维度，还是经济全面发展的前置维度。这个关系转换要理顺。二是东北振兴的全面振兴是否意味着全部振兴，现阶段东北全面振兴的理论依据更适应于区域均衡增长还是区域非均衡增长。

就第一个问题而言，"新东北现象"已经明确检验了固定资产投资规模对东北振兴的重要性，即东北地区的振兴不可脱离经济稳定来谈发展，而经济稳定正是经济增长的水平效应所致，因此，东北经济振兴可以放弃高增长经济增速，但不能放弃经济规模。从凯恩斯"投资—消费—出口"短期需求分析框架出发，纵观驱动东北经济增长的各项动力，目前没有任何因素可以代替投资在经济规模上的贡献。据蒋宇宁和关文（2021）测算，东北地区的整体投资率已经超出了最优投资区间，对经济增长存在较大的效率损失，但是追求经济稳定不意味着经济一定增长，因此短时间内否定投资的主要驱动力地位是没有现实意义的，东北地区的长期经济稳定仍然依靠投资维持。同时，在东北投资的自身结构中，固定资产投资仍然占据着区域投资的主要成分，人力资本投资、制度资本投资等非固定资产投资的规模过小，因此固定资产投资的规模对经济稳定具有绝对意义。

新基建视角提供了固定资产投资从保障经济稳定到促进经济增长的新可能和新挑战。从结构视角看，新基建是投资领衔的一揽子政策和规划，新基建本身作为新型固定资产投资具有稳定的乘数效应，一定程度上可以弥补传统基建过剩带来的效率损失，由此新基建投资治理对经济增长有着明显的提升效应，反映到区域整体投资上，投资的增长驱动效应仍较可观。但是抛开经济稳定来看，这一逻辑可能并不成立，新基建的主要驱动效应并不在短期效应上，其作为数字化基础设施和平台的长期供给效应是缓慢释放的。新基建投资中补短板的项目开始于2018年年中，科技创新项目开始于2018年年底，整体均在2018年开始。在投资规模总体稳定的情况下，新基建必然存在对传统基建的替代，其结构替代效应中的积极效应尚需时间检验，但是可能会带来投资短期需求刺激效应的下降，因为其远小于传统基建的"立竿见影"效应，短期内经济增长压力过大，甚至不能保障增长。因此，不能抛开经济增长来谈新基建投资治理，经济增长需要成为新基建治理视角下经济发展的前置维度。

就第二个问题而言，在新基建投资治理优化视角下，投资的振兴功能得到极大扩展，但是东北全面振兴并不意味着均由投资来承担责任，东北投资可以在保障经济增长的基础上，在更多维度上促进东北振兴，但是套用东北振兴高质量发展绩效来单独评价投资绩效，则在逻辑上缺乏匹配。东北振兴是全方位的振兴，但投资并非全方位的投资，新基建投资主要强调基建短板项目、科技创新项目、制度基础建设等方面的内容，因此该视角下投资是非均衡的投资，以非均衡的投资来助力全面振兴可以做到，但是实现全部振兴缺乏依据。在发展经济学上，曾出现均衡增长和非均衡增长的争议，前者要求投资需要全方位的协同，后者则认为投资应优先保障关联性较强的行业。新基建投资的底层思维是"补短"而非"补弱"、"扬长"而非"扩强"，是一种非均衡投资下的均衡增长，也是一种全面振兴下的重点突破，因此全面推进东北振兴依赖于东北投资的非均衡配置，非均衡的投资配置带来的驱动效应集中于点而非面。总体来说，新基建投资治理拓宽了投资的绩效维度，相较于评价区域高质量发展综合绩效需要考虑投资、消费、外贸、制度改革等多个维度，单独评价投资的绩效则可以回归东北振兴的核心问题。

新基建投资治理优化视角下，东北投资主要关系到东北全面振兴的五个核心问题的解决。这些核心问题在东北地区发展中内生存在，但是在"大基建投资治理"模式下更加突出或者逐渐深化：一是东北经济增长质量较差，集中表现为人均产出水平不高，产出能耗比较高，经济发展方式粗放，经济产出主要依赖物质资本，人力资本贡献较小，大基建进一步强化了产能导向，对经济发展质量较为忽视。二是产业结构的调整问题，大基建拉动的是传统行业，致使东北地区的产业结构老化，偏重于重工业，国有成分竞争力不足，民营成分不足，第三产业发展缓慢，高新技术产业不成体系，产业数字化程度较低。三是东北的就业问题，东北地区就业和经济发展具有历史矛盾，从国企下岗潮到新生代农民工和大学生就业，东北地区的就业消纳压力相对于产业结构一直较大，就业消纳程度和经济发展效率存在一定的矛盾，即东北需要用有限的经济产值承担相比全国更多的就业规模，同时东北的就业供给结构较为老化，就业需求不足，人才流失严重，但是大基建更多只考虑了经济层面。四是技术进步问题，大基建投资只考虑经济效率，而且经济效率集中在要素投入的规模效率上，对影响长期经济发展的技术进步缺乏投资治理。五是东北振兴中的制度建设和公共服务供给不足，这也是大基建投资力有未逮之处。综合来看，要想推进东北全面振兴，新基建投资治理应矫正旧有治理模式的缺陷，补足产出维度，应重点考虑人均产出水平、产业结构升级、就业消纳、技术进步、公共服务等绩效维度。当然，这些维度尚需以经济增长为前提。

3.2 东北振兴的投资增长绩效

3.2.1 变量设定、数据选取与模型构建

（1）变量设定

增长视角下，被解释变量为区域经济增长（lnrgdp）。增长绩效视角主要是东北振兴中"大基建投资治理"模式下的投资绩效的视角，其绩效维度一般集中在经济生产总值、经济增速等维度，分别考察经济增长的水平效应和增量效应。新基建投资治理视角下，经济增长的水平效应释放远大于增量效应释放，而且经济稳定对于经济增长的意义重大，并且主要由增长的水平效应贡献，因此，本书选取地区生产总值作为东北投资的经济增长绩效。地区生产总值一般有三种指标：一是名义地区生产总值，二是实际地区生产总值，三是人均地区生产总值。考虑到实际生产总值相对于名义生产总值控制了价格因素，平稳性更好，相对于人均生产总值没有损失规模效应，对东北地区经济增长水平反映得更加真实，因此将本节的解释变量区域经济增长，用实际地区生产总值取对数衡量。

本节的解释变量为区域投资水平（lninv）。增长视角下，关于区域投资水平也有多种考量，包括固定资产投资总额、固定资产投资增速、

投资率等维度，同样基于水平增长效应的考虑和兼顾投资规模，本书选取全社会固定资产投资总额对数衡量。

本书的控制变量为投资以外的其他经济增长因素。基于凯恩斯需求分析框架，汲取金融发展理论、人力资本理论、政府购买理论、制度经济学、产业经济学、地方竞争和财政分权理论的精华，结合前人研究并兼顾数据可得性考虑，本书将区域外贸水平（lntrade）、区域消费水平（lnconsum）、金融发展水平（finanidx）、人力溢价水平（lnstudents）、政府购买（govern）、市场化水平（market）、财政分权（fiscalidx）、地方干部晋升强度（politic）、工业化水平（secondary）设定为控制变量，其具体指标测量方法见表3-1。

表3-1 　　　　　　　　　变量设定及指标测量（投资绩效）

变量类型	变量名称	指标测量
被解释变量	区域经济增长（lnrgdp）	实际地区生产总值取对数
解释变量	区域投资水平（lninv）	固定资产投资总额取对数
控制变量	区域外贸水平（lntrade）	货物进出口总额取对数
	区域消费水平（lnconsum）	社会消费品零售总额取对数
	金融发展水平（finanidx）	年末金融机构存贷款之和与地区生产总值比值
	人力溢价水平（lnstudents）	普通本专科在校学生取对数
	政府购买（govern）	地方一般公共预算支出占地区生产总值比重
	市场化水平（market）	参考樊纲市场化指数①，利用地级市数据重新测算
	财政分权（fiscalidx）	地方一般公共预算支出与地方一般预算收入之差占地方一般公共预算支出比重
	地方干部晋升强度（politic）	参考顾元媛和沈坤荣赋值方法②，2006年、2011年、2016年赋值为1，其余年份赋值为0
	工业化水平（secondary）	第二产业增加值占地区生产总值比重

① 樊纲，王小鲁，马光荣.中国市场化进程对经济增长的贡献［J］.经济研究，2011（9）：4-16.

② 顾元媛，沈坤荣.地方政府行为与企业研发投入——基于中国省际面板数据的实证分析［J］.中国工业经济，2012（10）：77-88.

（2）数据选取

本书基于面板数据进行东北投资绩效评价。考虑到省级面板数据的观测样本较少，且东北地区的区域投资主体和经济发展责任主要集中在市级层面，本书将东北地区投资绩效评价的面板数据下沉到地市级层次。基于数据完整性考虑，共选取东北地区37个地级以上城市数据，其中辽宁省14个地级以上市全部包含，吉林省包含8个，不含延边朝鲜族自治州；黑龙江省包含12个，不含大兴安岭地区；蒙东地区仅统计赤峰市、通辽市、呼伦贝尔市3个地市。

在时间维度上，考虑到2003年党和国家正式提出东北振兴战略，加之2003年以前的地级市面板数据完整性较差，因此以2003年为样本时间起始点。考虑到2019年后国家经济活动遭受新冠疫情的巨大冲击，同时地市级面板数据存在三年左右的迟滞，因此将样本时间序列截止在2019年。

本书依托EPS数据平台、中经网进行数据整理，所有数据来自于《中国城市统计数据库》、历年《中国城市统计年鉴》和历年《辽宁省统计年鉴》《吉林省统计年鉴》《黑龙江省统计年鉴》，缺失数据通过五年移动均值法和插值法处理，2018年部分未统计数据通过查阅2019年各市统计年鉴关联统计数据倒推处理。

（3）模型构建

混合回归模型、随机效应模型、固定效应模型是估计均衡面板数据时的常见选择，参考曹国勇（2017）、苏明政（2017）、蒋宇宁和关文（2021）、李宁男（2022）等人的研究，发现固定效应对宏观经济数据有着较好的解释能力，由此本节构建固定效应模型3.1：

$$Y_{it} = \alpha_0 + \alpha_1 \ln inv_{it} + \beta_j X_{it} + \mu_i + \delta_t + \varepsilon_{it}$$

$$\beta_j X_{it} = \{\beta_1 \ln trade_{it} + \beta_2 \ln consume_{it} + \beta_3 finanidx_{it} + \beta_4 \ln students_{it} + \beta_5 govern_{it} + \quad 3.1$$

$$\beta_6 market_{it} + \beta_7 fiscalidx_{it} + \beta_8 politic_{it} + \beta_9 secondary_{it}\}$$

其中，Y_{it}为解释变量，此处为lnrgdp，即实际地区生产总值。模型3.1中，各变量下角标对应的i表示样本中来自东北地区的37个不同的地市级行政单位（包括副省级城市）（1≤i≤37）；下角标t代表年份，时间跨度是2003—2019年。模型3.1的上式中，α_0是常数项；α_1和β_j分别表示对核心解释变量和各项控制变量的估计系数；μ_i表示个体效应，δ_t为时点效应，二者均视估计方法类型进行取舍；ε_{it}表示均值是零，方差为常数的随机扰动项。模型3.1的上式是控制变量集合。

3.2.2 样本统计与相关性检验

（1）样本描述性统计

在进行实证分析之前，本书对各类变量进行所包含的系列数据统计性质进行分析，主要从样本均值、标准差、最大值和最小值四个方面来观察数据的结构和样本的统计性质，在此基础之上对各类变量作出描述性统计分析。从表3-2中可以看出，样本数据结构平稳，各类变量的波动性较小，离散程度比较低，样本取值相对集中，不存在异常值的干扰。由此，说明样本的统计性质良好，满足实证分析对数据统计性质的基本要求。

表3-2　　　　　　　　　模型3.1 变量描述性统计

Variable	Obs	Mean	Std.dev.	Min	Max
lnrgdp	629	6.793	0.423	5.901	7.815
lninv	629	6.566	0.526	5.219	7.831
lntrade	629	5.662	0.781	2.739	7.679
lnconsum	629	6.412	0.478	5.369	7.651
finanidx	629	2.169	1.260	0.588	21.30
lnstudents	629	4.246	0.666	2.724	5.822
govern	629	0.186	0.0923	0.0313	0.591
market	629	9.487	2.982	2.818	17.53
fiscalidx	629	0.608	0.191	0.0300	0.901
politic	629	0.176	0.382	0	1
secondary	629	0.433	0.132	0.107	0.859

（2）变量的多重共线性诊断

表3-3给出了模型3.1变量的相关系数矩阵，从中可以发现，有少

部分变量之间的共线性超过了0.5，这可能与部分变量对数化处理有关。

表3-3　　　　　　　　　　模型3.1 变量相关性系数矩阵

相关系数	lninv	lntrade	lnconsum	finanidx	lnstudents	govern	market	fiscalidx	politic	secondary
lninv	1									
lntrade	0.578	1								
Lnconsum	0.871	0.648	1							
finanidx	−0.015	0.109	0.222	1						
lnstudents	0.641	0.676	0.777	0.194	1					
govern	−0.088	−0.279	−0.044	0.361	−0.259	1				
market	0.399	0.122	0.475	0.366	0.153	0.450	1			
fiscalidx	−0.421	−0.563	−0.408	0.050	−0.467	0.604	0.025	1		
politic	0.009	0.009	0.007	−0.030	0.013	−0.006	−0.001	−0.017	1	
secondary	0.233	0.124	0.053	−0.382	0.026	−0.580	−0.180	−0.631	0.023	1

对此，本书采用方差膨胀因子（Variance Inflation Factor，VIF）对变量之间是否存在多重共线性进行进一步诊断。判断标准为：当0<VIF<10时，可以认为变量之间不存在多重共线性；当10< VIF <100时，可以认为变量之间存在比较强的多重共线性；当VIF≥100时，可以认为变量之间存在严重的多重共线性。根据表3-4揭示出的结果，可以认为本书所选取的变量之间不存在多重共线性。

表3-4　　　　　　　　模型3.1变量多重共线性诊断

Variable	VIF	1/VIF
lnconsum	8.75	0.114301
lninv	5.85	0.170891
lnstudents	3.73	0.267788
fiscalidx	3.45	0.289491
secondary	2.82	0.354075
govern	2.73	0.365754
lntrade	2.45	0.408133
market	2.06	0.485862
finanidx	1.7	0.589703
politic	1	0.997783
Mean VIF	3.46	

3.2.3 基准回归估计

本书对模型3.1进行了组内个体固定效应（简称"固定效应（组内）"，下同）、个体固定效应（LSDV）（简称"固定效应（LSDV）"，下同）、个体时点双固定效应（简称"双固定效应"，下同）等不同方法的固定效应估计，以期互相检验，并附上随机效应模型的估计作为对照，具体结果见表3-5。

表3-5　　　　　　　　　　　模型3.1 基准回归估计

Variable	随机效应 lnrgdp	固定效应 （组内） lnrgdp	固定效应 （LSDV） lnrgdp	双固定效应 lnrgdp
lninv	0.0818***	0.0861***	0.0861***	0.0361***
	（0.0241）	（0.0225）	（0.0178）	（0.00693）
lntrade	0.0267***	0.0232**	0.0232***	−0.00208
	（0.00898）	（0.0103）	（0.00544）	（0.00385）
lnconsum	0.320***	0.281***	0.281***	0.0428
	（0.0791）	（0.0738）	（0.0686）	（0.0271）
finanidx	0.00297	0.00198	0.00198	−0.000675
	（0.00235）	（0.00199）	（0.00142）	（0.00138）
lnstudents	0.0566***	0.0367**	0.0367***	0.0150**
	（0.0174）	（0.0162）	（0.00866）	（0.00641）
govern	0.202***	0.213***	0.213***	0.00623
	（0.0565）	（0.0596）	（0.0354）	（0.0210）
market	0.0295***	0.0345***	0.0345***	−0.00191
	（0.00646）	（0.00624）	（0.00564）	（0.00171）
fiscalidx	−0.0295	−0.0131	−0.0131	0.00281
	（0.0291）	（0.0277）	（0.0162）	（0.0106）
politic	0.00553*	0.00620**	0.00620	0.525***
	（0.00322）	（0.00290）	（0.00389）	（0.0247）
secondary	0.0964*	0.125**	0.125***	0.120***
	（0.0577）	（0.0554）	（0.0350）	（0.0287）
Constant	3.462***	3.720***	3.425***	5.372***
	（0.292）	（0.285）	（0.222）	（0.141）
Observations	629	629	629	629
R-squared		0.979	0.995	0.998
Number of city1	37	37		

注：Robust standard errors in parentheses；*** p<0.01，** p<0.05，* p<0.1。

以组内个体固定效应估计结果为例，发现东北投资水平每提高1对数单位可以增加0.0861对数单位的经济增长，并且通过1%置信水平下的显著性检验；相对于外贸，固定资产投资的驱动效应超过其2.7倍；如果考虑政府购买等广义区域投资，投资对经济的贡献率接近三成，并超过消费的贡献率，仍然可以视为东北地区经济增长的最主要动力。因此可以得出，提升投资区域投资水平对区域经济增长仍然具有显著的激励效应，但是应该发现，仅考虑固定资产投资情况下，东北投资的边际效率已经较低，继续扩大固定资产投资规模，投资边际贡献会降低。个体固定效应（LSDV）估计的投资绩效结果与组内个体固定效应的结果保持一致，如果选择随机效应，投资的贡献会降低，这说明投资的个体差异提升了经济增长；如果考虑个体时点双固定效应的话，投资的贡献会大幅降低，这说明投资的贡献在时间序列上稳定性较差，这可能与投资强烈的顺周期特点有关，其驱动效应时大时小。

另外，其他控制变量的驱动效应也值得关注。

一是居民消费和政府购买贡献了东北经济增长的最主要效应，在仅考虑个体固定效应下，居民消费的贡献率接近三成，政府购买的贡献率超过两成，二者合力贡献了一半的经济增长效应；不过，在控制了时点效应之后，二者的驱动效应系数大幅降低且均不显著，这说明无论是消费还是政府购买，受时间序列的影响都较大，时间波动性非常强，其驱动效应时有时无。

二是对外贸易和市场化对东北经济增长的贡献都在5%以下，而且控制了时点效应之后，二者的驱动效应变成负效应不显著，其受时间序列影响最大，其驱动效应可能为时好时坏。

三是财政分权和金融发育的经济效应表现出完全一负一正的特点，但是在控制了时点效应后，二者的效用和系数变得一正一负；尽管二者的经济效应均不显著，但是二者可能随时间变化存在一个此消彼长的关系，即财政政策和货币政策的协同性需要加强。

四是人力资本溢价表现出和固定资产投资一样的特点，其效应时强时弱，进一步说明了无论是物质资本投资还是智力资本投资，其驱动效应均有周期性；与之对比的是，时间差异可能摊薄了干部晋升强度的驱动效应，即政治晋升激励在政府换届年的经济增长效应要比想象中高出近84倍的量级。

五是工业化水平对东北经济增长的时间效应较为稳定，贡献率也超过10%，由此，工业化仍然是推进东北经济增长的动力源。

在模型3.1的基准回归估计中，本书发现财政制度和金融制度对经济增长的作用并非显著，同时在时间上可能存在此消彼长的作用效应，即二者缺乏制度协同，但是显著性水平尚不能支持这一结论，同时也为了增强模型的整体显著性水平（尽管允许不显著），本书考虑通过替换近似变量的方法来对模型3.1做拓展性分析。

财政分权作为解释我国地方经济增长的重要理论，发展出财政支出分权、财政收入分权、财政自主度、中央转移支付等解释维度，吕炜和王伟同（2021）认为，非规范性收入为特征的包容性财政分权制度是我国地方经济增长的内生动力。受此启发，本书提出财政分权的新解释维度：财政包容度（fiscalfree）=地方一般公共预算支出/地方一般公共预算收入，用以替代财政分权（fiscalidx）。类似的逻辑，本书认为，金融发展影响我国经济增长的维度可能在于融资整体变得更宽松，因此提出金融发展的新解释维度：金融宽松度（finanfree）=年末金融机构贷款余额/年末金融存款余额。本书将两个新变量作为财政分权和金融发展的替代变量，对模型3.1重新估计，具体结果见表3-6。

表3-6　　　　　模型3.1拓展性分析（调整控制变量）

Variable	随机效应 lnrgdp	固定效应（组内） lnrgdp	固定效应（LSDV） lnrgdp	双固定效应 lnrgdp
lninv	0.0801***	0.0832***	0.0832***	0.0353***
	(0.0230)	(0.0218)	(0.0171)	(0.00680)
lntrade	0.0222**	0.0178*	0.0178***	−0.00220
	(0.00886)	(0.00982)	(0.00568)	(0.00374)
lnconsum	0.316***	0.281***	0.281***	0.0396
	(0.0789)	(0.0739)	(0.0684)	(0.0263)

续表

Variable	随机效应 lnrgdp	固定效应 （组内） lnrgdp	固定效应 （LSDV） lnrgdp	双固定效应 lnrgdp
finanfree	−0.0185	−0.0270**	−0.0270***	−0.00429
	（0.0140）	（0.0133）	（0.00957）	（0.00772）
lnstudents	0.0520***	0.0325**	0.0325***	0.0150**
	（0.0166）	（0.0151）	（0.00850）	（0.00629）
govern	0.213***	0.218***	0.218***	−0.0334
	（0.0532）	（0.0556）	（0.0332）	（0.0230）
market	0.0307***	0.0354***	0.0354***	−0.00187
	（0.00649）	（0.00625）	（0.00564）	（0.00167）
fiscalfree	−0.00282	−0.00271	−0.00271	0.00457***
	（0.00279）	（0.00293）	（0.00207）	（0.00129）
politic	0.00514	0.00554*	0.00554	0.528***
	（0.00316）	（0.00287）	（0.00385）	（0.0240）
secondary	0.0854	0.107*	0.107***	0.132***
	（0.0596）	（0.0574）	（0.0354）	（0.0296）
Observations	629	629	629	629
R-squared		0.979	0.995	0.998
Number of city1	37	37		

注：Robust standard errors in parentheses；*** $p<0.01$，** $p<0.05$，* $p<0.1$。

同基准回归相比，投资的驱动效应略微降低，但结论同基准回归基本保持一致。其他控制变量的结论与基准回归也基本一致。不过，金融宽松度在个体固定效应估计中呈现为负向显著，与基准回归中的金融发育度正向不显著相比，说明金融制度促进经济发展的效应可能主要还是在规模效应上。同时，财政包容度在个体时点双固定效应估计中变为正向显著，说明财政包容度正是财政分权激励东北经济增长的真正动力。另外，对比是否控制时点效应，发现时点效应遮掩了财政包容的激励效应，同时熨平了金融宽松度的抑制效应，使其变得不显著，由此可以大胆猜想东北地区的财政和金融政策可能存在相互挤出的效应，缺乏政策协同。

3.2.4　稳健性检验和内生性处理

本书通过替换被解释变量对模型 3.1 进行稳健性建议，具体做法是将实际地区生产总值（lnrgdp）替换为名义地区生产总值（lngdp）；同时，本书通过引入滞后一期的被解释变量作解释变量，构建动态面板回归模型，利用广义系统矩估计方法处理模型 3.1 的内生性。具体结果均见表 3-7，其中系统 GMM 估计的序列相关检验表明模型不存在序列相关，萨根检验说明模型的工具变量选取有效，限于格式不列入表内。

表3-7　　　　　　　　模型3.1 稳健性检验及内生性处理

Variable	固定效应（组内）	固定效应（LSDV）	双固定效应	系统 GMM
	lngdp	lngdp	lngdp	lnrgdp
lninv	0.170^{***}	0.170^{***}	0.121^{***}	0.0171^{***}
	(0.0243)	(0.0226)	(0.0136)	(0.00580)
lntrade	0.0183	0.0183^{**}	-0.00555	0.000879
	(0.0116)	(0.00814)	(0.00725)	(0.00393)
lnconsum	0.366^{***}	0.366^{***}	0.133^{***}	-0.0276^{***}
	(0.0969)	(0.0830)	(0.0509)	(0.0107)
finanidx	-0.00500^{**}	-0.00500^{**}	-0.00621^{*}	-0.000975
	(0.00243)	(0.00227)	(0.00331)	(0.000924)
lnstudents	0.0656^{***}	0.0656^{***}	0.0494^{***}	0.0108
	(0.0161)	(0.0120)	(0.0105)	(0.00737)
govern	-0.0914	-0.0914^{*}	-0.244^{***}	-0.0313^{*}
	(0.0974)	(0.0549)	(0.0511)	(0.0184)
market	0.0312^{***}	0.0312^{***}	0.00212	-0.00221
	(0.00791)	(0.00694)	(0.00409)	(0.00177)

续表

Variable	固定效应（组内）lngdp	固定效应（LSDV）lngdp	双固定效应 lngdp	系统GMM lnrgdp
fiscalidx	−0.150***	−0.150***	−0.104***	−0.00111
	(0.0406)	(0.0232)	(0.0244)	(0.0102)
politic	0.00825*	0.00825	0.457***	−0.000772
	(0.00431)	(0.00525)	(0.0561)	(0.000996)
secondary	0.641***	0.641***	0.613***	0.0124
	(0.0655)	(0.0519)	(0.0447)	(0.0168)
L.lnrgdp				0.985***
				(0.0313)
Constant	2.561***	2.351***	4.175***	0.179
	(0.373)	(0.268)	(0.278)	(0.139)
Observations	629	629	629	592
R-squared	0.966	0.990	0.993	
Number of city1	37			37

注：Robust standard errors in parentheses；*** $p<0.01$，** $p<0.05$，* $p<0.1$。

在稳健性检验中，本书发现，投资对名义地区生产总值的驱动效应仍然显著，投资边际贡献甚至更大，超过10%水平，因此投资仍然是东北经济增长的主要驱动力之一，模型3.1的投资结论基本稳健。不过，其他控制变量的效应变化值得关注：工业化对名义地区生产总值的激励系数超过0.6，这说明在纸面意义上，东北地区的第二产业依赖仍然较重；政府购买的驱动效应变为负向显著，说明政府规模过大不利于经济增长，可能存在一个最优区间；金融发展和财政分权的效应全部为负向显著，因此财政和金融的政策逻辑有可能需要进一步调整。

在内生性处理结果中，本书发现，投资具有唯一显著驱动东北经济增长的净效应，外贸、人力资本溢价、工业化的净效应为正但不显著；消费和政府购买对经济增长的净效应均为负向显著，其余控制变量为负向净效应但不显著。结合上下文，总的来说，投资在相当长一段时间内，仍然是东北经济增长的主要动力甚至唯一动力，东北经济增长投资驱动特征没有变，甚至在短期内生净效应对投资更加依赖；而新基建视角下，经济增长构成经济发展的前置维度，投资无法驱动经济增长，检验其经济发展绩效就缺乏意义。本节结论为进一步检验投资的发展绩效提供了展开依据和实证支撑。

3.3 东北振兴的投资发展绩效

本章 3.1 节论证了新基建投资治理视角下，东北投资的发展绩效应重点考虑人均产出水平、产业结构升级、就业消纳、技术进步、公共服务等绩效维度，由此本节拟在模型 3.1 基础上代入新的被解释变量，分维度检验东北投资的发展绩效。

首先，从人均产出水平维度，构建其代理变量：人均产出（lnpgdp）=ln（地区实际生产总值/年末总人口）。从产业结构升级维度，参考干春晖产业高级化指数，利用地级市数据重新测算，构建其代理变量：产业升级（Thielup）=地区第三产业增加值/地区第二产业增加值。从就业消纳维度，受干春晖产业结构合理化指数启发，采用其反向定义，以产就业结构偏离度衡量就业消纳（Thielwise）[①]，因为东北地区的就业消纳就是以产就业结构的非合理化为基础的，即在第一产业产值和就业相对稳定情况下，用第三产业有限的产值吸纳更多就业人数。从技术进步角度，选择地区全要素生产率[②]衡量技术进步（TFP）。从公共服务维度，选择创新创业（CCidx）为其代理变量，据北京大学张晓波"中国区域创新创业指数"2003—2019 年数据整理得出。

其次，基于这五个分维度绩效指标，利用熵值法，构建东北投资的综合发展绩效（Invpscore）。

最后，将人均产出（lnpgdp）、产业升级（Thielup）、就业消纳（Thielwise）、技术进步（TFP）、创新创业（CCidx）、经济发展综合绩效

---

① 干春晖，郑若谷，余典范. 中国产业结构变迁对经济增长和波动的影响 [J]. 经济研究，2011（5）：4-16；31.
② 以实际地区生产总值为产出，投入要素为从业人员数和资本存量，参考 Battese 和 Coelli 模型，利用 SFA 方法得出。

（Invpscore）依次代入模型 3.1，得到东北投资的经济发展分维度绩效和综合绩效估计。

3.3.1 东北振兴的投资人均产出绩效

本书对东北投资的人均产出绩效作了组内个体固定效应、个体固定效应（LSDV）、个体时点双固定效应等不同方法的固定效应估计，以期互为稳健性检验，并附上随机效应模型的估计作为对照，具体结果见表 3-8。

表3-8　　**东北投资的经济发展分维度绩效之一：人均产出**

Variable	随机效应 lnpgdp	固定效应（组内） lnpgdp	固定效应（LSDV） lnpgdp	双固定效应 lnpgdp
lninv	0.163***	0.160***	0.160***	0.120***
	(0.0219)	(0.0248)	(0.0232)	(0.0144)
lntrade	0.0107	0.0119	0.0119	−0.00797
	(0.0125)	(0.0126)	(0.00909)	(0.00807)
lnconsum	0.305***	0.366***	0.366***	0.139**
	(0.0761)	(0.101)	(0.0847)	(0.0583)
finanidx	−0.00824**	−0.00634**	−0.00634**	−0.00771**
	(0.00377)	(0.00287)	(0.00268)	(0.00385)
lnstudents	0.0191	0.0706***	0.0706***	0.0596***
	(0.0228)	(0.0159)	(0.0119)	(0.0111)
govern	0.158	0.0858	0.0858	−0.0555
	(0.0971)	(0.0981)	(0.0557)	(0.0520)
market	0.0382***	0.0305***	0.0305***	0.000907
	(0.00574)	(0.00841)	(0.00708)	(0.00434)
fiscalidx	−0.114**	−0.135***	−0.135***	−0.0965***
	(0.0456)	(0.0426)	(0.0248)	(0.0270)
politic	0.00760**	0.00638	0.00638	0.441***
	(0.00360)	(0.00428)	(0.00545)	(0.0615)

续表

Variable	随机效应 lnpgdp	固定效应（组内） lnpgdp	固定效应（LSDV） lnpgdp	双固定效应 lnpgdp
secondary	0.769***	0.693***	0.693***	0.685***
	(0.0782)	(0.0756)	(0.0537)	(0.0475)
Constant	0.637**	0.167	0.410	2.125***
	(0.278)	(0.393)	(0.273)	(0.312)
Observations	629	629	629	629
R-squared		0.963	0.978	0.983
Number of city1	37	37		

注：Robust standard errors in parentheses；*** p<0.01，** p<0.05，* p<0.1。

以组内个体固定效应估计为例，东北投资每提升1对数单位可以增加0.160对数单位的人均经济增长，并通过1%置信水平下的显著性检验，以其他两种固定效应估计做稳健性检验，投资的驱动效应依然成立；对比总量经济产出，投资对人均经济产出的驱动效应更大，达到对总量驱动效应的1.92倍，如果基于个体时点双固定效应估计，可以达到对总量驱动效应的3.3倍；从随机效应、个体固定效应、个体时点双固定效应的结果对比看，个体差异和时点差异抑制了投资的驱动效应发挥。

另外，基于个体时点双固定效应估计，工业化、地方干部激励、区域消费可以成为优先于投资激励人均产出的选项，同时可以进一步强化人力资本对人均产出的激励作用，进一步挖掘市场化在人均产出上的正效应，增强其显著性，还要寻求避免财政分权和金融发展对人均产出的负激励效应。

3.3.2 东北振兴的投资产业升级绩效

本书对东北投资的产业升级绩效作了组内个体固定效应、个体固定效应（LSDV）、个体时点双固定效应等不同方法的固定效应估计，以期互为稳健性检验，并附上随机效应模型的估计作为对照，具体结果见表3-9。

表3-9　　　　东北投资的经济发展分维度绩效之二：产业升级

Variable	随机效应 Thielup	固定效应（组内） Thielup	固定效应（LSDV） Thielup	双固定效应 Thielup
lninv	−0.132**	−0.106*	−0.106***	0.0252
	(0.0546)	(0.0534)	(0.0330)	(0.0320)
lntrade	0.0350	0.0297	0.0297	0.0624**
	(0.0406)	(0.0459)	(0.0310)	(0.0309)
lnconsum	0.277***	0.223**	0.223***	0.279
	(0.106)	(0.102)	(0.0825)	(0.173)
finanidx	0.0137**	0.0109*	0.0109**	0.00534
	(0.00561)	(0.00608)	(0.00476)	(0.00673)
lnstudents	0.129***	0.137***	0.137***	0.174***
	(0.0434)	(0.0488)	(0.0318)	(0.0280)
govorn	−0.485*	−0.513*	−0.513***	−0.721***
	(0.274)	(0.269)	(0.128)	(0.130)
market	0.0103	0.0123	0.0123	−0.0148*
	(0.00945)	(0.0103)	(0.00806)	(0.00812)
fiscalidx	0.170	0.227**	0.227***	0.0781
	(0.111)	(0.112)	(0.0719)	(0.0791)
politic	−0.0182***	−0.0169***	−0.0169*	−0.00694
	(0.00618)	(0.00603)	(0.0101)	(0.152)
secondary	−0.502***	−0.634***	−0.634***	−0.491***
	(0.194)	(0.205)	(0.131)	(0.117)
Constant	4.750***	4.935***	5.368***	4.458***
	(0.429)	(0.505)	(0.306)	(0.867)
Observations	629	629	629	629
R−squared		0.502	0.896	0.920
Number of city1	37	37		

注：Robust standard errors in parentheses；*** $p<0.01$，** $p<0.05$，* $p<0.1$。

以组内个体固定效应估计为例，东北投资每提升1对数单位会抑制0.106单位的产生结构升级，并通过10%置信水平下的显著性检验，以个体固定效应（LSDV）估计做稳健性检验，投资的抑制效应系数不变，但稳健性增强；在个体时点双固定效应估计下，投资对产业升级转为激励效应，说明时点差异有可能熨平投资带来的产业结构冲击。

另外，基于个体时点双固定效应估计，在挖掘投资对产业升级的激励效应时，可以优先增加人力资本投资和发展对外贸易为配合，并重点解决政府购买、第二产业依赖度过高带来的产业固化效应，对消费的产业升级效应当重点挖掘和培育。

3.3.3 东北振兴的投资就业消纳绩效

本书对东北投资的就业消纳绩效作了组内个体固定效应、个体固定效应（LSDV）、个体时点双固定效应等不同方法的固定效应估计，以期互为稳健性检验，并附上随机效应模型的估计作为对照，具体结果见表3-10。

表3-10　　东北投资的经济发展分维度绩效之三：就业消纳

Variable	随机效应 Thielwise	固定效应（组内） Thielwise	固定效应（LSDV） Thielwise	双固定效应 Thielwise
lninv	−0.967	−2.098	−2.098	−0.738
	（1.173）	（2.305）	（2.167）	（1.095）
lntrade	0.315	1.998	1.998	2.264
	（0.395）	（2.033）	（2.026）	（2.308）
lnconsum	1.870	0.414	0.414	1.285
	（2.054）	（1.098）	（0.889）	（1.979）
finanidx	−0.111	−0.160	−0.160	−0.103
	（0.180）	（0.233）	（0.222）	（0.197）

Variable	随机效应 Thielwise	固定效应（组内） Thielwise	固定效应（LSDV） Thielwise	双固定效应 Thielwise
lnstudents	−1.738	−0.140	−0.140	0.199
	（1.667）	（0.503）	（0.372）	（0.564）
govern	0.556	−5.018	−5.018	−4.260
	（2.126）	（4.890）	（4.994）	（4.760）
market	0.0755	0.347	0.347	0.238
	（0.103）	（0.349）	（0.333）	（0.327）
fiscalidx	−4.890	−5.104	−5.104	−7.335
	（4.568）	（5.277）	（5.354）	（7.473）
politic	−0.415	−0.415	−0.415	−2.075
	（0.407）	（0.410）	（0.459）	（3.100）
secondary	−2.357	−8.598	−8.598	−8.570
	（2.843）	（8.134）	（8.750）	（8.827）
Constant	3.917	5.771	7.975	−3.843
	（4.174）	（7.775）	（8.353）	（10.21）
Observations	629	629	629	629
R-squared		0.017	0.074	0.094
Number of city1	37	37		

注：Robust standard errors in parentheses。

以组内个体固定效应估计为例，东北投资每提升 1 对数单位会抑制 2.098 单位的就业消纳，但未通过显著性检验，以个体固定效应（LSDV）估计和个体时点双固定效应估计做稳健性检验，投资的抑制效应基本一致；在个体时点双固定效应估计下，东北投资对就业消纳的抑制系数变小，说明时点差异有可能分散投资面临的就业消纳压力。

从就业消纳视角看，现有东北投资不利于就业消纳，有可能是与投资产业结构、就业供给结构不匹配所致。此外，扩大外贸、增加消费、市场化建设和强化人力资本投资具备有效增强就业消纳、缓解就业压力的潜力，第二产业依存度过高、财政分权、政府购买、干部晋升激励均不利于就业吸纳，且阻滞效应远高于东北投资。

反之，从产就业结构的合理化视角看，东北投资具备促进东北地区产业结构合理化的较好潜力，但是其效应需要更加显著。在促进产业合理化效应上，工业化、财政分权、政府购买、干部晋升激励潜力巨大，对外贸易、消费、市场化和人力资本投资则形成一定阻碍。

无论是从就业消纳理解，还是从产业结构合理化来看，东北地区经济发展面临着产业调整与就业保障之间的内生矛盾，好在这个矛盾并不显著，还留有加以取舍和解决的空间。本书认为：首先，东北振兴应当更加倾向于就业消纳的解决，因为就业关系着东北经济稳定，这是经济发展的前提；其次，就业是保障消费驱动效应的前提；最后，失业是生存问题，产业调整是发展问题。

就投资视角来看，东北投资应该兼顾劳动密集型产业和服务业，摆脱对第二产业的依赖，通过投资第三产业来创造更多就业岗位。同时，要集中力量做好面向灵活就业人员的公共服务设施建设和制度基础设施建设。之后，可以通过强化人力资本投资来缓解就业压力，如扩大研究生层次以上的高等教育规模，进一步发展应用型本科等。

3.3.4　东北振兴的投资技术进步绩效

本书对东北投资的技术进步绩效作了组内个体固定效应、个体固定效应（LSDV）、个体时点双固定效应等不同方法的固定效应估计，以期互为稳健性检验，并附上随机效应模型的估计作为对照，具体结果见表3–11。

表3-11　　　东北投资的经济发展分维度绩效之四：技术进步

Variable	随机效应 TFP	固定效应（组内） TFP	固定效应（LSDV） TFP	双固定效应 TFP
lninv	−0.576***	−0.891***	−0.891***	−0.154*
	(0.120)	(0.154)	(0.188)	(0.0859)
lntrade	−0.0436	−0.201*	−0.201	0.0959**
	(0.0345)	(0.118)	(0.141)	(0.0405)
lnconsum	0.559***	1.121**	1.121**	0.0502
	(0.149)	(0.457)	(0.501)	(0.168)
finanidx	0.00848	0.00658	0.00658	−0.00135
	(0.0286)	(0.0428)	(0.0423)	(0.00968)
lnstudents	0.0126	−0.155	−0.155	0.0308
	(0.0629)	(0.163)	(0.198)	(0.0879)
govern	−0.0178	1.368***	1.368*	0.499
	(0.333)	(0.502)	(0.706)	(0.314)
market	−0.0174*	−0.0530	−0.0530	0.0300
	(0.00968)	(0.0429)	(0.0485)	(0.0272)
fiscalidx	0.170	−0.150	−0.150	−0.0400
	(0.205)	(0.490)	(0.437)	(0.205)
politic	0.429***	0.426***	0.426***	0.125
	(0.0291)	(0.0312)	(0.0752)	(0.254)
secondary	0.214	1.168	1.168*	0.675**
	(0.304)	(0.726)	(0.676)	(0.288)
				(0.294)
Constant	1.843***	1.776	1.409	1.404
	(0.540)	(2.044)	(1.830)	(1.013)
Observations	629	629	629	629
R-squared		0.118	0.129	0.873
Number of city1	37	37		

注：Robust standard errors in parentheses；*** p<0.01，** p<0.05，* p<0.1。

以组内个体固定效应估计为例，东北投资每提升1对数单位会抑制0.891单位的技术进步，并通过1%置信水平下的显著性检验，以个体固定效应（LSDV）估计和个体时点双固定效应估计做稳健性检验，投资的抑制效应较为稳健；在个体时点双固定效应估计下，投资对产业升级的抑制效应大幅变小，说明时点差异有可能平抑投资带来的技术停滞。为了对冲投资对技术进步的抑制效应，可以大力发展对外贸易，进一步提升工业化水平。

3.3.5 东北振兴的投资创新创业绩效

本书对东北投资的创新创业绩效作了组内个体固定效应、个体固定效应（LSDV）、个体时点双固定效应等不同方法的固定效应估计，以期互为稳健性检验，并附上随机效应模型的估计作为对照，具体结果见表3-12。

表3-12　东北投资的经济发展分维度绩效之五：创新创业

Variable	随机效应 CCidx	固定效应（组内） CCidx	固定效应（LSDV） CCidx	双固定效应 CCidx
lninv	2.526	4.685	4.685**	7.941***
	(3.192)	(2.976)	(2.375)	(2.426)
lntrade	−0.441	−3.147**	−3.147**	−1.932
	(1.755)	(1.309)	(1.333)	(1.500)
lnconsum	12.62***	−2.545	−2.545	9.452*
	(4.862)	(5.938)	(5.602)	(5.591)
finanidx	0.0199	−0.842	−0.842*	−0.649*
	(0.350)	(0.526)	(0.460)	(0.377)
lnstudents	12.93***	−0.00910	−0.00910	0.574
	(3.223)	(4.010)	(2.598)	(2.712)
govern	−7.200	11.60	11.60	20.76**
	(13.97)	(11.38)	(7.929)	(8.489)

Variable	随机效应 CCidx	固定效应（组内） CCidx	固定效应（LSDV） CCidx	双固定效应 CCidx
market	−4.102***	−2.376***	−2.376***	−0.878
	（0.523）	（0.726）	（0.556）	（0.782）
fiscalidx	−19.01***	−5.561	−5.561	−12.53**
	（6.496）	（4.979）	（5.080）	（5.622）
politic	−0.771	−0.361	−0.361	−21.83***
	（0.818）	（0.793）	（0.923）	（7.879）
secondary	−3.055	10.05	10.05	10.79
	（12.32）	（10.70）	（9.987）	（10.21）
Constant	−58.30***	63.11**	28.28	−67.51**
	（21.62）	（30.67）	（21.51）	（33.85）
Observations	629	629	629	629
R-squared		0.359	0.892	0.897
Number of city1	37	37		

注：Robust standard errors in parentheses；*** p<0.01，** p<0.05，* p<0.1。

以组内个体固定效应估计为例，东北投资每提升 1 对数单位会提升 4.685 单位的创新创业指数，但未通过显著性检验；以个体固定效应（LSDV）估计和个体时点双固定效应估计做稳健性检验，投资的驱动效应变得更大更显著；在个体时点双固定效应估计下，投资对创新创业的驱动效应大幅增加，说明时点差异有可能放大投资带来的双创培育效应。为了协同投资对双创培育的驱动效应，可以大力扩大政府支出规模和区域消费。

3.3.6 东北振兴的投资综合发展绩效

本书对东北投资的综合发展绩效作了组内个体固定效应、个体固定效应（LSDV）、个体时点双固定效应等不同方法的固定效应估计，以期互为稳健性检验，并附上随机效应模型的估计作为对照，具体结果见表3-13。

表3-13 东北投资的经济发展综合绩效

Variable	随机效应 Invpscore	固定效应（组内） Invpscore	固定效应（LSDV） Invpscore	双固定效应 Invpscore
lninv	0.0496**	0.0510*	0.0510*	0.0399*
	(0.0210)	(0.0256)	(0.0300)	(0.0220)
lntrade	0.00271	−0.00280	−0.00280	−0.00825
	(0.0123)	(0.0117)	(0.0143)	(0.0176)
lnconsum	−0.0550*	−0.142***	−0.142**	−0.00222
	(0.0333)	(0.0489)	(0.0573)	(0.0447)
finanidx	0.00895***	0.00451**	0.00451	−0.000193
	(0.00233)	(0.00217)	(0.00318)	(0.00187)
lnstudents	0.0701***	0.0275	0.0275	0.0221
	(0.0174)	(0.0187)	(0.0268)	(0.0243)
govern	−0.0167	0.0784	0.0784	−0.0360
	(0.119)	(0.124)	(0.113)	(0.0923)
market	−0.0139***	−0.00488	−0.00488	0.00893
	(0.00343)	(0.00624)	(0.00640)	(0.00800)
fiscalidx	−0.177***	−0.141**	−0.141**	0.0214
	(0.0557)	(0.0594)	(0.0623)	(0.0670)
politic	0.0228***	0.0245***	0.0245***	−0.129*
	(0.00530)	(0.00535)	(0.00857)	(0.0699)
secondary	0.222**	0.241**	0.241**	0.218***
	(0.0865)	(0.101)	(0.104)	(0.0824)
Constant	0.200	0.835***	0.657***	−0.140
	(0.158)	(0.235)	(0.207)	(0.262)
Observations	629	629	629	629
R−squared		0.205	0.616	0.762
Number of city1	37	37		

注：Robust standard errors in parentheses；*** p<0.01，** p<0.05，* p<0.1。

以组内个体固定效应估计为例，东北投资每提升1对数单位会提升0.051单位的经济综合发展绩效，且通过10%置信水平的显著性检验；以个体固定效应（LSDV）估计和个体时点双固定效应估计做稳健性检验，投资的驱动效应较为稳健；在个体时点双固定效应估计下，投资对综合发展的驱动效应小幅减少，说明时点差异有可能放缓投资带来的综合效应。为了扩大投资对综合发展的驱动效应，可以考虑从与工业化水平提升的协同入手，但要注意干部激励带来的短视效应。

3.4　东北振兴的投资绩效分省估计

3.4.1　辽宁投资绩效

本书对辽宁省投资的经济绩效（实际）、经济增长绩效（名义）、经济发展综合绩效、五个维度的经济发展分绩效作了个体时点双固定效应估计，具体结果见表3-14和表3-15。

表3-14　　　　　　　　辽宁省投资绩效之一

Variable	双固定效应 lnrgdp	双固定效应 lngdp	双固定效应 lnpgdp	双固定效应 Invpscore
lninv	0.137***	0.210***	0.189***	−0.000999
	(0.0243)	(0.0232)	(0.0235)	(0.0541)
lntrade	−0.0182	0.0572	0.0484	−0.0171
	(0.0243)	(0.0333)	(0.0476)	(0.0467)
lnconsum	0.159	0.226	0.246	−0.0640
	(0.0921)	(0.136)	(0.157)	(0.0509)
finanidx	0.0124	−0.00464	−0.0137	−0.00526
	(0.00903)	(0.0124)	(0.0136)	(0.0134)
lnstudents	0.0300	0.0402	0.0453	0.0484
	(0.0191)	(0.0458)	(0.0551)	(0.0595)

续表

Variable	双固定效应 lnrgdp	双固定效应 lngdp	双固定效应 lnpgdp	双固定效应 Invpscore
govern	0.217	−0.158	0.335*	−0.202
	（0.156）	（0.191）	（0.188）	（0.517）
market	0.0413***	0.0378***	0.0321**	−0.00736
	（0.00742）	（0.0119）	（0.0134）	（0.0123）
fiscalidx	−0.0770	−0.202***	−0.180***	−0.218*
	（0.0449）	（0.0423）	（0.0410）	（0.102）
politic	0.0107***	0.0118	0.00818	0.0334***
	（0.00284）	（0.00702）	（0.00687）	（0.00774）
secondary	−0.0151	0.325**	0.400*	0.0756
	（0.0955）	（0.148）	（0.195）	（0.201）
Constant	4.484***	3.172***	0.719	0.919**
	（0.421）	（0.598）	（0.685）	（0.328）
Observations	238	238	238	238
R-squared	0.984	0.971	0.959	0.234
Number of city1	14	14	14	14

注：Robust standard errors in parentheses；***p<0.01，**p<0.05，*p<0.1。

表3-15　　　　　　　　辽宁省投资绩效之二

Variable	双固定效应 Thielup	双固定效应 Thielwise	双固定效应 TFP	双固定效应 CCidx
lninv	−0.108	−5.972	−1.143***	−6.890*
	（0.0646）	（7.857）	（0.244）	（3.629）
lntrade	0.206**	16.40	−0.511**	1.554
	（0.0735）	（11.69）	（0.198）	（5.521）
lnconsum	0.0567	−6.207	0.350	6.254
	（0.0997）	（5.427）	（0.707）	（6.374）

Variable	双固定效应 Thielup	双固定效应 Thielwise	双固定效应 TFP	双固定效应 CCidx
finanidx	−0.00979	−3.778	0.108	−0.160
	(0.0329)	(3.114)	(0.0707)	(2.130)
lnstudents	−0.0280	−7.887	0.0407	16.53**
	(0.0587)	(6.012)	(0.423)	(6.406)
govern	0.180	3.446	−1.654	−78.77*
	(0.331)	(22.67)	(1.642)	(43.27)
market	0.0108	1.057	0.0284	−2.867**
	(0.0106)	(1.230)	(0.0576)	(1.032)
fiscalidx	−0.115	−8.689	−3.135***	−13.70
	(0.100)	(10.18)	(0.389)	(9.424)
politic	−0.0165	−1.393	0.418***	−0.802
	(0.0107)	(1.340)	(0.0645)	(1.655)
secondary	−1.225***	−50.14	−1.641	39.56**
	(0.284)	(28.55)	(1.175)	(16.40)
Constant	6.241***	43.86	11.66***	−1.734
	(0.639)	(51.08)	(3.774)	(43.14)
Observations	238	238	238	238
R-squared	0.651	0.074	0.242	0.607
Number of city1	14	14	14	14

注：Robust standard errors in parentheses；*** $p<0.01$，** $p<0.05$，* $p<0.1$。

在经济增长维度，辽宁省每 1 单位固定产投资可以贡献 0.137 单位的实际生产总值，这个效应是东北地区的 3.7 倍，而对名义生产总值的驱动效应也达到东北地区的 1.7 倍。可以说，东北地区的投资增长效应，主要由辽宁省贡献。

在经济发展的分绩效维度，辽宁省的投资驱动效应集中在人均经济产出维度，并且能达到东北地区的 1.5 倍以上；但对其他经济发展维度均存在负效应，并且在就业消纳和创新创业上负向激励较大，在技术进步和创新创业上通过显著性检验；受产业升级、就业消纳、技术进步、创新创业维度的全面拖累，辽宁省投资对经济综合发展呈现十分微弱的负效应，且不显著。

3.4.2 吉林投资绩效

本书对吉林省投资的经济绩效（实际）、经济增长绩效（名义）、经济发展综合绩效、五个维度的经济发展分绩效作了个体时点双固定效应估计，具体结果见表3-16和表3-17。

表3-16 吉林省投资绩效之一

Variable	双固定效应 lnrgdp	双固定效应 lngdp	双固定效应 lnpgdp	双固定效应 lnvpscore
lninv	0.0377	0.0501	0.0469	0.00962
	（0.0206）	（0.0777）	（0.0858）	（0.0618）
lntrade	0.00325	−0.0415	−0.0397	0.0463
	（0.0171）	（0.0234）	（0.0261）	（0.0608）
lnconsum	0.495***	0.893***	0.855***	−0.0311
	（0.0853）	（0.114）	（0.126）	（0.127）
finanidx	0.000126	−0.00223	−0.00283	0.00751
	（0.000798）	（0.00320）	（0.00354）	（0.00420）
lnstudents	0.00626	0.0728	0.0729	0.0495
	（0.0255）	（0.0407）	（0.0431）	（0.0662）
govern	0.178**	−0.572**	−0.537*	−0.00999
	（0.0702）	（0.240）	（0.248）	（0.427）
market	0.0238**	−0.00596	0.00140	−0.0188
	（0.00972）	（0.00964）	（0.0118）	（0.0142）

续表

Variable	双固定效应 lnrgdp	双固定效应 lngdp	双固定效应 lnpgdp	双固定效应 lnvpscore
fiscalidx	−0.0804*	−0.198***	−0.189***	−0.353**
	(0.0369)	(0.0438)	(0.0403)	(0.117)
politic	−0.00225	−0.00156	−0.00302	0.0291*
	(0.00147)	(0.00320)	(0.00308)	(0.0145)
secondary	0.0903	0.479***	0.485***	−0.0670
	(0.0612)	(0.0837)	(0.109)	(0.160)
Constant	3.050***	0.753*	−1.478***	0.476
	(0.373)	(0.326)	(0.403)	(0.336)
Observations	136	136	136	136
R squared	0.992	0.980	0.979	0.220
Number of city1	8	8	8	8

注：Robust standard errors in parentheses；*** p<0.01，** p<0.05，* p<0.1。

表3-17　　　　　　　　　　吉林省投资绩效之二

Variable	双固定效应 Thielup	双固定效应 Thielwise	双固定效应 TFP	双固定效应 CCidx
lninv	−0.0757*	0.0291	−1.974***	10.86
	(0.0366)	(0.0443)	(0.368)	(5.947)
lntrade	−0.00485	0.0505	−1.134**	−6.122
	(0.0467)	(0.0529)	(0.410)	(6.743)
lnconsum	0.338**	−0.144	3.808**	0.421
	(0.0987)	(0.0892)	(1.389)	(15.17)
finanidx	−0.00317	0.0186***	−0.0944***	−0.339
	(0.00198)	(0.00229)	(0.0123)	(0.242)

续表

Variable	双固定效应 Thielup	双固定效应 Thielwise	双固定效应 TFP	双固定效应 CCidx
lnstudents	0.0778	0.0410	0.860***	−9.930
	(0.0413)	(0.0377)	(0.161)	(10.92)
govern	−0.0902	0.325	0.613	4.674
	(0.356)	(0.334)	(1.008)	(20.95)
market	0.0254	−0.00111	−0.256	−2.670*
	(0.0144)	(0.00990)	(0.150)	(1.222)
fiscalidx	0.618***	−0.125*	5.440***	−0.248
	(0.0681)	(0.0635)	(1.002)	(4.643)
politic	−0.0317**	0.00695	0.517***	1.414
	(0.00918)	(0.00565)	(0.103)	(1.496)
secondary	−0.955***	−0.0400	1.516	14.57
	(0.199)	(0.179)	(1.081)	(11.02)
Constant	4.225***	0.455	−9.461	52.03
	(0.460)	(0.309)	(5.813)	(47.30)
Observations	136	136	136	136
R−squared	0.901	0.397	0.372	0.329
Number of city1	8	8	8	8

注：Robust standard errors in parentheses；*** $p<0.01$，** $p<0.05$，* $p<0.1$。

在经济增长维度，吉林省的投资驱动系数与东北地区整体效应基本一致，但是并不显著。在经济发展维度，吉林省的投资驱动效应集中在就业消纳和创新创业上，但是也不显著；在产业升级和技术进步上则存在明显抑制效应，其中在产业升级的效应方向与东北地区相反，在技术进步上的消极效应相对于东北地区存在量级差异。受上述因素影响，吉林省投资对经济发展仅有微弱激励效应，但不显著。

3.4.3 黑龙江投资绩效

本书对黑龙江省投资的经济绩效（实际）、经济增长绩效（名义）、经济发展综合绩效、五个维度的经济发展分绩效作了个体时点双固定效应估计，具体结果见表3-18和表3-19。

表3-18　　　　　　　　　　　黑龙江省投资绩效之一

Variable	双固定效应 lnrgdp	双固定效应 lngdp	双固定效应 lnpgdp	双固定效应 Invpscore
lninv	0.105***	0.186***	0.172***	0.0675
	(0.0211)	(0.0237)	(0.0257)	(0.0456)
lntrade	0.0292***	0.0230*	0.0182	0.00339
	(0.00593)	(0.0124)	(0.0135)	(0.0118)
lnconsum	0.244***	0.304***	0.283***	−0.182**
	(0.0417)	(0.0608)	(0.0609)	(0.0760)
finanidx	−0.000938	−0.00106	0.000306	0.00930
	(0.00192)	(0.00671)	(0.00586)	(0.00721)
lnstudents	0.0321**	0.0710***	0.0683**	0.0535**
	(0.0141)	(0.0210)	(0.0221)	(0.0180)
govern	0.286***	0.0766	0.207***	0.0752
	(0.0646)	(0.0652)	(0.0660)	(0.109)
market	0.0246***	0.0272***	0.0310***	−0.000187
	(0.00359)	(0.00611)	(0.00554)	(0.00834)
fiscalidx	−0.0370	−0.136	−0.173**	−0.0388
	(0.0394)	(0.0802)	(0.0755)	(0.114)
politic	0.00393	0.00984***	0.00814***	0.0135
	(0.00249)	(0.00216)	(0.00226)	(0.00854)
secondary	−0.162**	0.560***	0.571***	0.407*
	(0.0559)	(0.118)	(0.102)	(0.212)

续表

Variable	双固定效应 lnrgdp	双固定效应 lngdp	双固定效应 lnpgdp	双固定效应 Invpscore
Constant	3.996***	2.839***	0.679**	0.589
	（0.210）	（0.297）	（0.284）	（0.395）
Observations	204	204	204	204
R-squared	0.988	0.967	0.969	0.223
Number of city1	12	12	12	12

注：Robust standard errors in parentheses；*** p<0.01，** p<0.05，* p<0.1。

表3-19　　　　　　　　　**黑龙江省投资绩效之二**

Variable	双固定效应 Thielup	双固定效应 Thielwise	双固定效应 TFP	双固定效应 CCidx
lninv	−0.199**	0.0867**	−1.083***	−7.327
	（0.0818）	（0.0340）	（0.309）	（5.200）
lntrade	−0.00927	−0.00995	−0.129	−2.381*
	（0.0443）	（0.0162）	（0.156）	（1.204）
lnconsum	−0.0474	−0.107	1.579**	2.600
	（0.103）	（0.0961）	（0.580）	（13.28）
finanidx	−0.0129	0.00918	0.166**	0.522*
	（0.0113）	（0.0105）	（0.0579）	（0.261）
lnstudents	0.0740	0.0586**	−0.180	2.453
	（0.0467）	（0.0256）	（0.361）	（1.993）
govern	−0.567*	−0.142	1.569*	4.857
	（0.258）	（0.148）	（0.855）	（11.04）
market	0.0405***	0.00857	−0.0297	−0.593
	（0.0129）	（0.00847）	（0.0460）	（0.882）

续表

Variable	双固定效应 Thielup	双固定效应 Thielwise	双固定效应 TFP	双固定效应 CCidx
fiscalidx	0.705***	0.118	0.268	−3.230
	(0.196)	(0.118)	(0.691)	(8.090)
politic	−0.00670	0.00267	0.358***	−0.578
	(0.0111)	(0.00851)	(0.0335)	(0.799)
secondary	0.0470	0.0198	5.610**	35.82**
	(0.203)	(0.231)	(1.972)	(15.33)
Constant	6.708***	−0.143	−2.631	54.21
	(0.804)	(0.485)	(3.263)	(60.95)
Observations	204	204	204	204
R-squared	0.435	0.116	0.159	0.315
Number of city1	12	12	12	12

注：Robust standard errors in parentheses；*** $p<0.01$，** $p<0.05$，* $p<0.1$。

在经济增长维度，黑龙江省每1单位固定产投资可以贡献0.105单位的实际生产总值，这个效应达到东北地区2.9倍，而对名义生产总值的驱动效应也达到东北地区1.5倍。可以说，东北地区的投资增长效应，在黑龙江省较为适用。

在经济发展的分绩效维度，黑龙江省的投资驱动效应集中在人均经济产出维度和就业消纳维度，前者效应和东北地区相当，后者效应与东北地区相比有明显质变，黑龙江省每1单位投资可以提升0.0867单位就业消纳，并且通过5%置信水平下的显著性检验；但对其他经济发展维度均存在负效应，在产业升级和创新创业上负向转变较大，在技术进步和产业升级上通过显著性检验。受产业升级、技术进步、创新创业维度的拖累，黑龙江省投资相比东北虽对经济综合发展呈现较强激励效应，但不显著。

3.4.4 蒙东地区投资绩效

本书对蒙东地区投资的经济绩效（实际）、经济增长绩效（名义）、经济发展综合绩效、五个维度的经济发展分绩效作了个体时点双固定效应估计，具体结果见表3-20和表3-21。

表3-20　　　　　　　　蒙东地区投资绩效之一

Variable	双固定效应 lnrgdp	双固定效应 lngdp	双固定效应 lnpgdp	双固定效应 lnvpscore
lninv	0.147***	0.123***	0.0857*	0.405*
	(0.00887)	(0.00364)	(0.0213)	(0.109)
lntrade	0.0129	0.0354	0.0340*	−0.0100
	(0.0286)	(0.0126)	(0.0107)	(0.0534)
lnconsum	0.182*	0.322**	0.340**	−0.641*
	(0.0497)	(0.0696)	(0.0694)	(0.196)
finanidx	−0.0807	−0.0643	−0.0520	0.0537
	(0.0467)	(0.0623)	(0.0556)	(0.120)
lnstudents	0.0971**	0.133	0.172*	−0.175
	(0.0178)	(0.0506)	(0.0576)	(0.216)
govern	1.212	0.466	0.355	0.0946
	(0.483)	(0.888)	(0.804)	(1.276)
market	0.0419***	0.0408**	0.0432**	0.0168
	(0.00103)	(0.00580)	(0.00576)	(0.0284)
fiscalidx	−0.180	−0.298	−0.0519	0.211
	(0.177)	(0.189)	(0.173)	(0.139)
politic	0.00588	−0.00988*	−0.00957*	−0.000977
	(0.00296)	(0.00301)	(0.00276)	(0.0164)
secondary	0.108	0.730**	0.851**	0.752**
	(0.0515)	(0.0953)	(0.102)	(0.172)

Variable	双固定效应 lnrgdp	双固定效应 lngdp	双固定效应 lnpgdp	双固定效应 Invpscore
Constant	3.747**	2.782**	3.29e-05	1.844
	（0.420）	（0.361）	（0.350）	（1.188）
Observations	51	51	51	51
R-squared	0.994	0.991	0.991	0.355
Number of city1	3	3	3	3

注：蒙东地区限于数据可得性仅统计通辽市、赤峰市、呼伦贝尔市；Robust standard errors in parentheses；*** $p<0.01$，** $p<0.05$，* $p<0.1$。

在经济增长维度，蒙东地区每1单位固定产投资可以贡献0.147单位的实际生产总值，这个效应是东北地区的4倍以上；而对名义生产总值的驱动效应也与东北地区相当。可以说，蒙东地区是东北地区投资增长效应的聚集点。

表3-21　　　　　　　　　　**蒙东地区投资绩效之二**

Variable	双固定效应 Thielup	双固定效应 Thielwise	双固定效应 TFP	双固定效应 CCidx
lninv	−0.0674	0.191*	−0.446	15.96
	（0.0657）	（0.0628）	（1.358）	（13.42）
lntrade	0.0122	−0.207**	−0.420	2.601
	（0.0329）	（0.0428）	（1.033）	（1.822）
lnconsum	0.338	−0.748	4.102	−4.219
	（0.128）	（0.606）	（1.526）	（8.585）
finanidx	−0.0219	0.0611	1.311	−35.57***
	（0.0953）	（0.0447）	（1.063）	（1.396）
lnstudents	0.108	0.499	−0.428	−31.55
	（0.0574）	（0.213）	（1.062）	（25.92）

续表

Variable	双固定效应 Thielup	双固定效应 Thielwise	双固定效应 TFP	双固定效应 CCidx
govern	0.392	1.650	2.443	158.4
	(0.526)	(1.879)	(7.674)	(75.58)
market	0.00614	0.0214	−0.534**	0.135
	(0.0139)	(0.0348)	(0.116)	(1.001)
fiscalidx	−0.650**	0.210	0.917	−138.1**
	(0.0749)	(0.556)	(3.757)	(28.95)
politic	0.00170	−0.0162	0.564*	0.375
	(0.00722)	(0.0127)	(0.146)	(4.333)
secondary	−0.889*	0.767	1.838	−136.5**
	(0.235)	(0.306)	(2.737)	(14.47)
Constant	4.712**	1.626	−16.34	254.3**
	(0.623)	(2.410)	(5.643)	(40.08)
Observations	51	51	51	51
R-squared	0.912	0.366	0.353	0.359
Number of city1	3	3	3	3

注：蒙东地区限于数据可得性仅统计通辽市、赤峰市、呼伦贝尔市；Robust standard errors in parentheses；*** $p<0.01$，** $p<0.05$，* $p<0.1$。

在经济发展的分绩效维度，蒙东地区的投资驱动效应集中在人均经济产出维度、就业消纳维度和创新创业维度，其中创新创业的效应较高，但不显著；人均产出的驱动效应略低于东北地区，显著性水平为1%；就业消纳效应与东北地区相比有明显质变，蒙东地区每1单位投资可以提升0.191单位就业消纳，并且通过10%置信水平下的显著性检验；但对产业升级和技术进步均存在负效应，好在不显著。综合来看，蒙东地区省投资相比东北对经济综合发展呈现10倍以上较强激励效应，且通过10%置信水平的显著性检验。

3.5 本章小结

首先，本章基于新基建投资治理优化视角，讨论了东北振兴从"经济增长"到"经济发展"递进转换下的多元投资绩效维度，得出以下基本认识：第一，经济增长是东北投资经济发展绩效的前置维度。第二，东北全面振兴依赖投资绩效的多元导向。第三，新基建投资治理应着力解决"大基建投资治理"模式下的五个缺陷：一是区域经济振兴的效益不高，人均经济产出水平较低；二是产业结构老化和固化，高新技术产业和现代服务业缺位，第三产业占比较低；三是就业结构和产业结构的内生矛盾，就业压力和产业结构调整需要作出取舍；四是区域经济发展的内生动力不足，仅靠要素投入的规模效应难以持续，要素之间配置优化和内生的技术进步无法保障；五是公共基础设施及建设和公共服务供给存在短板，经济发展潜力较差、活力不足。这五个缺陷为建构新基建投资治理优化视角下东北经济发展的绩效维度提供了依据。据此，东北经济发展绩效应主要包含人均产出、产业升级、就业消纳、技术进步和双创培育。

其次，本章基于经济增长视角，选取2003—2019年东北地区37个地市面板数据，利用固定效应模型和系统GMM方法估计了东北投资的经济驱动效应。本书发现，东北投资仍然表现出强劲的增长驱动效应，东北振兴中的投资驱动特征仍然成立。在凯恩斯短期需求分析框架中，东北投资的驱动效应达到外贸的3.7倍，狭义投资贡献率超过10%，如果考虑政府支出等广义投资，东北投资的贡献率接近三成，并超过消费贡献率。内生性处理结果发现，在控制了滞后一期的地区产值水平后，投资具有东北地区唯一的净驱动效应，东北经济增长脱离投资驱动路径短期内不现实。

再次，本章基于经济发展视角，分维度讨论了东北投资对人均产出效益、产业升级、就业消纳、技术进步、创新创业的驱动效果，发现东北投资在经济发展维度，仅对人均经济产出、创新创业显著有效，对产业升级有微弱促进但不显著，对就业消纳和技术进步存在抑制效应。在此基础上，本章基于熵值法构建了东北投资经济发展综合绩效指数，发现东北投资可以显著促进东北地区的综合发展，是除工业化之外对经济发展的唯一动力。

最后，本章分省（分区域）讨论了东北投资的增长驱动效应和发展驱动效应，发现东北投资的经济增长驱动效应主要集中在辽宁省，在黑龙江省也具有积极意义，但对吉林省不适用。在投资对发展的驱动效应上，吉林省和黑龙江省均需要进一步优化，增强其显著性，辽宁省则需要先做到扭负为正，尽管负效应也不显著。无论是增长维度还是发展维度，蒙东地区成为东北振兴的新空间，投资驱动对其经济增长和经济发展均十分适用。

4 东北振兴的投资治理驱动效应

上一章本书讨论了多元绩效视角下的东北投资驱动效应，本章拟在此基础上，将其划分为多种治理逻辑下的治理驱动效应，并加以检验。新基建投资治理优化视角下，东北投资的治理逻辑更加多元，其治理驱动效应也更加复杂。本章首先梳理了东北投资治理的历史逻辑，明确了新基建视角下东北投资治理的逻辑划分，其次从数量治理逻辑、质量治理逻辑、区位治理逻辑三个维度独立估计了投资治理的驱动效应，最后将三组治理逻辑同时纳入计量模型，综合考察了东北投资治理的具体逻辑。

4.1 东北振兴的投资治理逻辑划分

从治理理论出发，区域投资水平可以视为区域投资治理的综合效应，但是仅考虑其综合效应是不够的，因为这样无法对东北振兴由投资驱动转向东北投资治理驱动提供依据，即无法识别东北投资治理的具体逻辑。

蒋宇宁和关文（2021）认为，自新中国成立以来，东北投资治理一共经历了 5 个时期，自 2003 年东北振兴战略实施以来，东北投资治理横跨市场体制改革和全面深化改革开放两个时期，投资治理逻辑复杂而全面，详见表4-1。

表4-1　　　　　　　　　东北投资治理的历史逻辑①

时期	指导文件	主要内容	阶段侧重
第1时期 社会主义计划经济 体制时期 （1949—1977年）	《中华人民共和国发展国民经济的第一个五年计划（1953—1957）》等前5个五年规划	优先重工业投资 保障基本性的其他投资	1949—1952年，恢复国民经济为投资重心
			1953—1977年，计划经济建设为投资重心
第2时期 转轨时期 （1978—1991年）	《关于投资管理体制的近期改革方案》	"拨改贷" 合同制 扩大地方政府投资自主权 扩大国有企业投资自主权	1978—1987年，围绕投资项目为中心开展改革
			1988年—1991年，设立国有投资公司
第3时期 社会主义市场经济 体制确立时期 （1992—2003年）	邓小平南方谈话 党的十四大报告	四大专业银行改组改制 业主责任制 招投标制 投资宏观调控责任制 完善投资市场服务 竞争性与非竞争性项目划分	侧重于各投资市场体制的基本要素建设
第4时期 社会主义市场经济 体制改革时期 （2004—2013年）	《中共中央 国务院关于实施东北地区等老工业基地振兴战略的若干意见》 《国务院关于投资体制改革的决定》 进一步扩大内需、促进经济平稳较快增长的十项措施 《国务院关于进一步实施东北地区等老工业基地振兴战略的若干意见》	"谁投资、谁决策" 原则 界定政府投资边界 开放社会资本投资 培育投资中介服务市场 明确投融资体制改革目标	2004—2008年，侧重国有商业银行股份制改革
			2009—2013年，经济刺激为投资重心
第5时期 全面深化改革开放 新时期 （2014年至今）	《中共中央 国务院关于深化投融资体制改革的意见》 《国务院关于深入推进实施新一轮东北振兴战略加快推动东北地区经济企稳向好若干重要举措的意见》 《深化金融供给侧结构性改革 增强金融服务实体经济能力》	强化企业投资 深化政府投资 创新投融资机制 投资 "放管服" 改革 金融等其他配套改革 新基建	（2014年至今，全面深化改革成为时代要求） 2018年至今，新基建投资治理逐渐成为重心

---

　　① 蒋宇宁，关文. 东北振兴中的投资驱动分析及三螺旋优化 [M]. 太原：山西人民出版社，2021.

结合已有文献结论，本书认为，新基建投资治理正开启全面深化改革开放新时期的新阶段。新基建投资治理优化视角下，东北投资治理承袭并凸显出六种治理驱动逻辑：一是地方投资冲动逻辑，即地方政府有着利用有限财政支出禀赋撬动无限区域投资的冲动（范子英，2015；邓晓兰、刘若鸿、许晏君，2019；王文甫、艾非，2021），以增强区域投资驱动效应；二是地方引资竞争逻辑，地方政府有着利用本地要素禀赋和政策优惠吸引区域外资本特别是外商直接投资的竞争逻辑（范小敏、徐盈之，2019；王鹏等，2020；赵建国、关文、齐默达，2022），以增强区域投资驱动效应；三是提升投资质量逻辑，即通过改善投资的单位产出增强区域投资驱动效应；四是创新竞争逻辑，即通过地方财政科技支出和教育支出等智力资本投资的竞争（何艳玲、李妮，2017；卞元超、白俊红，2017；李恩极、李群，2021），以增强区域投资驱动效应；五是以高铁开通为代表的交通联结治理逻辑，即通过新型区域交通设施建设扩大投资需求的同时进而改善区域投资中的物流、信息流、能源流、人流等要素流动（卞元超、吴利华、白俊红，2018；崔琳昊、洪倩倩、李石强，2021；许钊、高煜、霍治方，2022；张治国、欧国立，2022），以期增强区域投资驱动效应；六是区域（资本）开放度治理逻辑，通过深化区域投资开放改善区域投资环境，改变区域资本流动水平（赵增耀、周晶晶、沈能，2016；白极星、周京奎、佟亮，2016；李丹琪、张佐敏、吴佳楷，2020），强化区域投资驱动效应。

依据这六种治理逻辑对投资数量、投资质量、投资流动性的效应侧重，本书将其划分为投资数量治理逻辑、投资质量治理逻辑、投资区位治理逻辑三类。其中，投资数量治理逻辑对应投资冲动（invcd）和引资竞争（fdiidx），其主要影响区域投资数量水平；投资质量治理逻辑对应单位投资产出（pinvoutput）和创新竞争（innidx），其主要影响区域投资质量水平；投资区位治理逻辑对应高铁开通（HSR）和区域开放度（openidx），其主要影响区域投资流动性水平。

理论上，三类投资治理逻辑同时产生治理驱动效应，并非严格独立。不过为了简便研究，本书先独立讨论各治理逻辑的驱动效应，最后进行综合判断。

在模型3.1基础上，本书通过调整变量构建通用模型4.1（由公式（4-1）、公式（4-2）、公式（4-3）共同构成）：

$$Y_{it} = \alpha_0 + \alpha_k Z_{it} + \beta_j X_{it} + \mu_i + \delta_t + \varepsilon_{it} \tag{4-1}$$

$$a_k Z_{it} = \{ a_1 invcd_{it} + a_2 fdiidx_{it} + a_3 pinvoutput_{it} + a_4 innidx_{it} + a_5 HSR_{it} + a_6 openidx_{it} \} \tag{4-2}$$

$$\beta_j X_{it} = \{ \beta_1 lntrade_{it} + \beta_2 lnconsume_{it} + \beta_3 finanidx_{it} + \beta_4 lnstudents_{it} + \beta_5 govern_{it} +$$

$$\beta_6 market_{it} + \beta_7 fiscalidx_{it} + \beta_8 politic_{it} + \beta_9 secondary_{it} + \beta_{10} center_{it} \} \tag{4-3}$$

其中，Y_{it} 为解释变量。模型中各变量下角标对应的 i 表示样本中来自东北地区的 37 个不同的地市级行政单位（包括副省级城市）（1≤i≤37）；下角标 t 代表年份，时间跨度是 2003—2019 年。公式（4-1）中，α_0 是常数项，α_k 和 β_j 分别表示对核心解释变量和各项控制变量的估计系数；μ_i 表示个体效应，δ_t 为时点效应，二者均视估计方法类型进行取舍；ε_{it} 表示均值是零、方差为常数的随机扰动项。公式（4-2）是解释变量集合，视研究需要取舍。公式（4-3）是控制变量集合。另外，本章数据选取同第 3 章，不再赘述。

4.2 东北振兴的投资数量治理驱动效应

本节在经济发展视角下检验东北投资的数量治理逻辑，先以人均产出水平为被解释变量，构建固定效应模型，判断数量治理逻辑的驱动效应；随后通过扩展被解释变量给出产业升级、就业消纳、技术进步、创新创业等维度的数量治理驱动效应估计；最后在综合发展绩效视角下对东北投资的数量治理逻辑加以判断。在检验人均产出绩效和综合发展绩效时，先对两类数量治理逻辑逐步回归估计，然后综合回归估计，综合回归估计给出多种方法的固定效应估计，以期互为稳健性检验；在其他经济发展分绩效维度，直接给出个体时点双固定效应估计加以判断。

表 4-2 和表 4-3 给出了人均产出水平为被解释变量，投资数量治理逻辑为解释变量，模型 4.1 的具体变量设定和变量描述性统计，拟在此基础上进行多类型固定效应估计，以作数量治理逻辑的基准判断。在被解释变量设定上，人均产出水平（lnpgdp）=ln（地区生产总值/年末总

人口）。在解释变量上，将数量治理逻辑具体分为两个维度：投资冲动
（invcd）＝固定资产投资总额/地方一般公共预算支出；引资竞争
（fdiidx）＝当年实际利用外资/地区生产总值。控制变量与模型3.1设定
相同，不过考虑到从投资切换到投资治理可能存在遗漏变量，另外可能
不同的城市定位内生治理逻辑会有差异，因此引入是否为区域中心城市
（center）虚拟变量作新控制变量，其测度方法为：沈阳市、大连市、长
春市、哈尔滨市赋值为1，其余城市赋值为0。其数据选取与第3章保持
一致，据描述性统计显示，数据质量平稳，满足统计要求，在此不再
赘述。

表4-2   模型4.1 变量设定

变量类型	变量名称	指标测量
被解释变量	人均产出水平（lnpgdp）	人均地区生产总值取对数
解释变量（数量治理逻辑）	投资冲动（invcd）	固定资产投资总额与地方一般公共预算支出比值
	引资竞争（fdiidx）	当年实际使用外资金额占地区生产总值比重
控制变量	区域外贸水平（lntrade）	货物进出口总额取对数
	区域消费水平（lnconsum）	社会消费品零售总额取对数
	金融发展水平（finanidx）	年末金融机构存贷款之和与地区生产总值比值
	人力溢价水平（lnstudents）	普通本专科在校学生取对数
	政府购买（govern）	地方一般公共预算支出占地区生产总值比重
	市场化水平（market）	参考樊纲市场化指数，利用地级面板数据测算
	财政分权（fiscalidx）	地方一般公共预算支出与地方一般预算收入之差占地方一般公共预算支出比重
	地方干部晋升强度（politic）	参考顾元媛和沈坤荣（2012）赋值方法，2006年、2011年、2016年赋值为1，其余年份赋值为0
	工业化水平（secondary）	第二产业增加值占地区生产总值比重
	是否为区域中心城市（center）	沈阳市、大连市、长春市、哈尔滨市赋值为1，其余城市赋值为0

表4-3   模型4.1 变量描述性统计

Variable	Obs	Mean	Std.dev.	Min	Max
lnrgdp	629	6.793	0.423	5.901	7.815
invcd	629	3.578	1.854	0.533	9.163
fdiidx	629	0.0176	0.0232	1.23e-05	0.210
lntrade	629	5.662	0.781	2.739	7.679
lnconsum	629	6.412	0.478	5.369	7.651
finanidx	629	2.169	1.260	0.588	21.30
lnstudents	629	4.246	0.666	2.724	5.822
govern	629	0.186	0.0923	0.0313	0.591
market	629	9.487	2.982	2.818	17.53
fiscalidx	629	0.608	0.191	0.0300	0.901
politic	629	0.176	0.382	0	1
secondary	629	0.433	0.132	0.107	0.859
center	629	0.108	0.311	0	1

4.2.1 东北振兴的投资数量治理初步判断

本节先以人均产出水平（lnpgdp）作为数量治理逻辑的基础产出维度，对其治理驱动效应作初步判断，基于组内个体固定效应估计进行逐步回归，并给出个体固定效应（LSDV）和个体时点双固定效应估计，以期互为稳健性检验，结果见表4-4。

在逐步回归估计中，投资冲动和引资竞争均对人均产出具有积极意义。在独立效应估计中，每1单位的投资冲动提升可以带来0.0133对数单位的人均经济产出，并且通过1%置信水平的显著性检验；每1单位的引资竞争可以贡献0.325单位的人均产出，但是未能通过显著性检验。总的来说，投资冲动的人均产出驱动效应较为稳健，而引资竞争的驱动作用系数较高，驱动潜力巨大。

表4-4　　　　　　　　　东北振兴的投资数量治理初步判断

Variable	固定效应（组内）lnpgdp	固定效应（组内）lnpgdp	固定效应（组内）lnpgdp	固定效应（LSDV）lnpgdp	双固定效应 lnpgdp
invcd	0.0133***		0.0127***	0.0127***	0.00950***
	(0.00363)		(0.00358)	(0.00329)	(0.00267)
fdiidx		0.325	0.136	0.136	0.287**
		(0.203)	(0.154)	(0.141)	(0.127)
lntrade	0.0272**	0.0229*	0.0267**	0.0267***	−0.00706
	(0.0117)	(0.0118)	(0.0117)	(0.00926)	(0.00733)
lnconsum	0.483***	0.504***	0.483***	0.483***	0.167**
	(0.110)	(0.111)	(0.110)	(0.0938)	(0.0698)
finanidx	−0.0103**	−0.0123*	−0.0101**	−0.0101**	−0.00969*
	(0.00485)	(0.00629)	(0.00480)	(0.00482)	(0.00521)
lnstudents	0.0761***	0.0776***	0.0758***	0.0758***	0.0522***
	(0.0196)	(0.0203)	(0.0196)	(0.0146)	(0.0116)
govern	0.285***	0.258**	0.270**	0.270***	0.00220
	(0.101)	(0.102)	(0.104)	(0.0677)	(0.0607)
market	0.0339***	0.0323***	0.0341***	0.0341***	−0.00192
	(0.0109)	(0.0110)	(0.0109)	(0.00987)	(0.00453)
fiscalidx	−0.189***	−0.220***	−0.186***	−0.186***	−0.109***
	(0.0435)	(0.0468)	(0.0433)	(0.0281)	(0.0286)
politic	0.00664	0.00395	0.00668	0.00668	0.139***
	(0.00547)	(0.00542)	(0.00548)	(0.00660)	(0.0194)
secondary	0.879***	0.944***	0.876***	0.876***	0.769***
	(0.0791)	(0.0779)	(0.0789)	(0.0647)	(0.0484)
center				−0.425***	0.124
Constant	0.202	0.143	0.203	0.441	2.586***
	(0.500)	(0.510)	(0.500)	(0.367)	(0.379)
Observations	629	629	629	629	629
R-squared	0.953	0.951	0.953	0.972	0.981
Number of city1	37	37	37		

注：Robust standard errors in parentheses；*** $p<0.01$，** $p<0.05$，* $p<0.1$。

在综合效应估计中，投资冲动的驱动效应小幅下降但仍然显著，引资竞争的驱动贡献也超过10%，但是缺乏显著性。采用个体固定效应（LSDV）估计后，结论保持一致。

不过，在个体时点双固定效应估计中，引资竞争的驱动效应变得十分显著，作用系数为0.287，时点效应遮掩了引资竞争的驱动效应；投资冲动的驱动效应进一步变弱但仍然显著。

据此可以得出以下结论：在人均产出绩效维度下，东北投资存在较为明显的数量治理逻辑。这种驱动效应由投资冲动提供存在保障，但是主要效应集中在引资竞争维度，并且潜力巨大。

4.2.2　东北振兴的投资数量治理拓展判断

本节基于个体时点双固定效应模型继续估计了产业升级（Thielup）、就业消纳（Thielwise）、技术进步（TFP）、创新创业（CCidx）等绩效维度下投资冲动和引资竞争两种数量治理逻辑的治理驱动效应，具体见表4-5。被解释变量具体测度已在第3章中给出，不再赘述。

表4-5　　　　　　**东北振兴的投资数量治理拓展判断**

Variable	双固定效应 Thielup	双固定效应 Thielwise	双固定效应 TFP	双固定效应 CCidx
invcd	−0.00834	−0.532	−0.0144	0.936**
	(0.00526)	(0.544)	(0.0146)	(0.440)
fdiidx	0.469**	2.866	−1.583**	−31.00
	(0.199)	(12.01)	(0.749)	(19.00)
lntrade	0.0549*	1.954	0.0975**	−1.514
	(0.0309)	(2.009)	(0.0411)	(1.475)
lnconsum	0.297*	1.802	0.0281	11.29**
	(0.176)	(2.465)	(0.167)	(5.330)
finanidx	0.00399	−0.155	−0.000914	−0.807*
	(0.00768)	(0.251)	(0.0103)	(0.483)

续表

Variable	双固定效应 Thielup	双固定效应 Thielwise	双固定效应 TFP	双固定效应 CCidx
lnstudents	0.165***	0.0328	0.0477	0.545
	(0.0278)	(0.568)	(0.0886)	(2.719)
govern	−0.764***	−5.210	0.589*	31.28***
	(0.137)	(5.663)	(0.321)	(8.523)
market	−0.0173**	0.214	0.0373	−0.890
	(0.00812)	(0.308)	(0.0271)	(0.785)
fiscalidx	0.0528	−8.476	−0.0452	−13.14**
	(0.0829)	(8.555)	(0.205)	(5.585)
politic	−0.0376	−0.269	−0.853***	−3.330
	(0.0435)	(0.780)	(0.0873)	(3.119)
secondary	−0.451***	−7.549	0.616**	16.82*
	(0.111)	(7.769)	(0.275)	(9.982)
center	−0.832***	−12.29	−0.282	72.57***
Constant	4.582***	−7.182	0.657	−42.66
	(0.939)	(11.97)	(0.955)	(32.33)
Observations	629	629	629	629
R-squared	0.920	0.097	0.874	0.896

注：Robust standard errors in parentheses；***$p<0.01$，**$p<0.05$，*$p<0.1$。

从表4-5发现，投资冲动和引资竞争在这些维度存在较大效应差异。投资冲动的驱动效应主要集中在创新创业维度，而且1单位的投资冲动可以贡献0.936单位的创新创业，并通过5%置信水平下的显著性检验；投资冲动在产业升级、就业消纳、技术进步维度均呈现负驱动效应，其中对就业消纳抑制系数较大，不过这些负向效应均不显著。

引资竞争的主要驱动效应主要集中在产业升级和就业消纳，每单位的引资竞争可以驱动产业升级0.469个单位的正向变动，且通过5%置信水平下的显著性检验；引资竞争对就业消纳水平的驱动系数达到2.866，但并不显著。引资竞争在技术进步维度具有负驱动效应，且较为显著，对创新创业也存在负向效应，作用系数较大，但不显著。

总的来说，在产业升级、就业消纳、创新创业维度，投资冲动和引资竞争的不同方向效应可以在一定程度上对冲，但是对技术进步两种数量治理逻辑均存在负向效应。由此得出结论，投资数量治理逻辑驱动效应部分存在于产业升级、就业消纳、创新创业维度，但是在技术进步维度不存在此逻辑驱动效应。

4.2.3 东北振兴的投资数量治理综合判断

本节以经济发展综合绩效（Invpscore）作为数量治理逻辑的综合产出维度，指标测量同第3章，基于组内个体固定效应估计进行逐步回归，并给出个体固定效应（LSDV）和个体时点双固定效应估计，以期互为稳健性检验，结果见表4-6。

表4-6　　　　　东北振兴的投资数量治理综合判断

Variable	固定效应（组内）Invpscore	固定效应（组内）Invpscore	固定效应（组内）Invpscore	固定效应（LSDV）Invpscore	双固定效应Invpscore
invcd	0.00666		0.00717	0.00717	0.00670
	(0.00478)		(0.00475)	(0.00552)	(0.00452)
fdiidx		−0.0153	−0.121	−0.121	−0.476***
		(0.218)	(0.209)	(0.264)	(0.180)
lntrade	0.00271	0.00110	0.00322	0.00322	−0.00385
	(0.0109)	(0.0113)	(0.0105)	(0.0141)	(0.0164)
lnconsum	−0.108**	−0.0973**	−0.109**	−0.109**	0.00676
	(0.0412)	(0.0398)	(0.0410)	(0.0457)	(0.0434)
finanidx	0.00374	0.00233	0.00357	0.00357	−0.00116
	(0.00263)	(0.00348)	(0.00267)	(0.00343)	(0.00225)

续表

Variable	固定效应（组内）Invpscore	固定效应（组内）Invpscore	固定效应（组内）Invpscore	固定效应（LSDV）Invpscore	双固定效应 Invpscore
lnstudents	0.0288	0.0301	0.0291	0.0291	0.0249
	(0.0197)	(0.0196)	(0.0200)	(0.0271)	(0.0243)
govern	0.140	0.146	0.153	0.153	0.0600
	(0.125)	(0.129)	(0.129)	(0.113)	(0.0925)
market	−0.00338	−0.00461	−0.00357	−0.00357	0.00999
	(0.00621)	(0.00616)	(0.00620)	(0.00618)	(0.00799)
fiscalidx	−0.151**	−0.172***	−0.153**	−0.153**	0.0197
	(0.0587)	(0.0588)	(0.0594)	(0.0631)	(0.0699)
politic	0.0251***	0.0236***	0.0251***	0.0251***	−0.0459*
	(0.00539)	(0.00518)	(0.00538)	(0.00872)	(0.0252)
secondary	0.286***	0.327***	0.288***	0.288***	0.252***
	(0.0959)	(0.0885)	(0.0965)	(0.0968)	(0.0783)
center				0.351***	0.331***
				(0.114)	(0.108)
Constant	0.859***	0.823***	0.857***	0.678***	−0.0508
	(0.231)	(0.225)	(0.231)	(0.198)	(0.250)
Observations	629	629	629	629	629
R-squared	0.202	0.199	0.203	0.615	0.763
Number of city1	37	37	37		

注：Robust standard errors in parentheses；***p<0.01，**p<0.05，*p<0.1。

在组内个体固定效应模型的逐步回归估计中，无论是独立估计和综合估计，投资冲动均表现出正向驱动，引资竞争则均呈现负向效应，且正负两种效应均不显著。

通过变换个体固定效应估计方法，此结论保持稳健。

但是在个体时点双固定效应估计中，引资竞争呈现出负向显著的作用效应，这说明时点效应遮掩了引资竞争的负向效应。

在经济发展的综合绩效视角下，投资数量治理逻辑显著抑制效应和非显著的驱动效应并存，表现出局部非显著弱驱动特征。

但是在分维度绩效视角下，投资数量治理逻辑表现出多元驱动特征，投资数量逻辑在人均产出维度呈现整体显著全驱动，对产业升级呈现局部显著强驱动特征，对创新创业呈现局部显著弱驱动，对就业消纳存在局部非显著强驱动，另外，投资数量治理逻辑对推进技术进步缺乏实际意义。

从数量治理逻辑内部来看，对人均产出有显著全驱动效应，对推进产业升级、创新创业存在显著的半驱动效应，对提升就业消纳存在非显著半驱动效应。

总的来说，投资数量治理逻辑对指导新基建视角下的全面发展存在分绩效维度和分逻辑的局部驱动效应，应以这些具体的局部驱动效应为切入点，扭转投资数量治理的负驱动效应，进而推进东北投资数量治理逻辑的适应性，并实现整体效率。

4.3　东北振兴的投资质量治理驱动效应

本节在经济发展视角下检验东北投资的质量治理逻辑，先以人均产出水平为被解释变量，构建固定效应模型，判断质量治理逻辑的驱动效应；随后通过扩展被解释变量给出产业升级、就业消纳、技术进步、创新创业等维度的质量治理驱动效应估计；最后在综合发展绩效视角下对东北投资的质量治理逻辑加以判断。在检验人均产出绩效和综合发展绩效时，先对两类质量治理逻辑逐步回归估计，然后综合回归估计，综合回归估计给出多种方法的固定效应估计，以期互为稳健性检验；在其他经济发展分绩效维度，直接给出个体时点双固定效应估计加以判断。

在解释变量上，结合 4.1 节结论，将质量治理逻辑具体分为两个维度：单位投资产出（pinvoutput）=（地区生产总值）/（固定资产投资总额）；创新竞争（fdiidx）=（财政科技支出+财政教育支出）/（地方一般公共预算支出）。控制变量与模型4.1设定相同。

4.3.1　东北振兴的投资质量治理初步判断

本节先以人均产出水平（lnpgdp）作为质量治理逻辑的基础产出维度，对其治理驱动效应作初步判断，基于组内个体固定效应估计进行逐步回归，并给出个体固定效应（LSDV）和个体时点双固定效应估计，以期互为稳健性检验，结果见表4-7。

表4-7　　　　　　　　　东北振兴的投资质量治理初步判断

Variable	固定效应（组内）lnpgdp	固定效应（组内）lnpgdp	固定效应（组内）lnpgdp	固定效应（LSDV）lnpgdp	双固定效应lnpgdp
pinvoutput	−0.0147***		−0.0136**	−0.0136***	−0.00350
	(0.00510)		(0.00520)	(0.00411)	(0.00322)
innidx		−0.270**	−0.161	−0.161*	−0.411***
		(0.122)	(0.134)	(0.0948)	(0.0915)
lntrade	0.0181	0.0270**	0.0203*	0.0203**	−0.00947
	(0.0119)	(0.0120)	(0.0118)	(0.00872)	(0.00745)
lnconsum	0.476***	0.512***	0.482***	0.482***	0.190**
	(0.112)	(0.111)	(0.113)	(0.0977)	(0.0791)
finanidx	−0.0104**	−0.0127*	−0.0104**	−0.0104**	−0.0103*
	(0.00480)	(0.00653)	(0.00487)	(0.00481)	(0.00550)
lnstudents	0.0839***	0.0821***	0.0856***	0.0856***	0.0560***
	(0.0193)	(0.0210)	(0.0199)	(0.0146)	(0.0119)
govern	0.186*	0.213*	0.146	0.146**	−0.114*
	(0.0924)	(0.114)	(0.108)	(0.0690)	(0.0644)
market	0.0341***	0.0305***	0.0333***	0.0333***	−0.00269
	(0.0109)	(0.0110)	(0.0110)	(0.0101)	(0.00450)

续表

Variable	固定效应（组内）lnpgdp	固定效应（组内）lnpgdp	固定效应（组内）lnpgdp	固定效应（LSDV）lnpgdp	双固定效应 lnpgdp
fiscalidx	−0.204***	−0.243***	−0.214***	−0.214***	−0.157***
	(0.0464)	(0.0463)	(0.0448)	(0.0287)	(0.0292)
politic	0.00424	0.00188	0.00321	0.00321	0.135***
	(0.00519)	(0.00544)	(0.00537)	(0.00657)	(0.0201)
secondary	0.896***	0.945***	0.892***	0.892***	0.767***
	(0.0747)	(0.0810)	(0.0758)	(0.0611)	(0.0480)
center				−0.411***	0.0983
				(0.152)	(0.127)
Constant	0.364	0.139	0.351	0.579	2.619***
	(0.535)	(0.507)	(0.535)	(0.394)	(0.423)
Observations	629	629	629	629	629
R-squared	0.953	0.951	0.953	0.972	0.981
Number of city1	37	37	37		

注：Robust standard errors in parentheses；***p<0.01，**p<0.05，*p<0.1。

在逐步回归估计中，单位投资产出和创新竞争均对人均产出水平提升具有抑制效应。在独立效应估计中，每1单位的单位投资产出提升可以抑制0.0147对数单位的人均经济产出，并且通过1%置信水平的显著性检验；每1单位的创新竞争可以抑制0.270单位的人均产出，并且通过5%置信水平的显著性检验。总的来说，投资质量治理逻辑对人均经济产出提升存在较大制约。

在综合效应估计中，单位投资产出的抑制效应小幅下降但仍然显著，创新竞争的抑制效应也下降且趋于不显著。采用个体固定效应（LSDV）估计后，创新竞争的负效应复归稳健；在个体时点双固定效应估计中，单位投资产出的抑制效应大幅变小且变得不显著；投资冲动的抑制效应大幅变强且仍然显著。

总的来看，结论可基本不变，在人均产出绩效维度下，投资质量治理存在较为显著的负向效应，而且其负效应集中在创新竞争维度。这可能与新基建视角下投资质量治理的效应主要集中在其他发展绩效维度有关，也可能是因为新基建投资治理尚未发挥效应，投资理论与投资实际存在较大脱节，且创新竞争可能在一定程度上挤出了固定资产投资。这更加说明了建立新基建投资治理模式的迫切性。

4.3.2 东北振兴的投资质量治理拓展判断

本节基于个体时点双固定效应模型继续估计了产业升级（Thielup）、就业消纳（Thielwise）、技术进步（TFP）、创新创业（CCidx）等绩效维度下单位投资产出和创新竞争两种质量治理逻辑的治理驱动效应，具体见表4-8。

表4-8　　　　　　东北振兴的投资质量治理拓展判断

Variable	双固定效应 Thielup	双固定效应 Thielwise	双固定效应 TFP	双固定效应 CCidx
pinvoutput	0.00362	0.0244	0.0315*	−0.0504
	(0.00566)	(0.146)	(0.0171)	(0.497)
innidx	0.461**	−4.148	0.108	−63.46***
	(0.193)	(6.232)	(0.574)	(17.29)
lntrade	0.0589*	2.310	0.0995**	−1.830
	(0.0304)	(2.352)	(0.0403)	(1.448)
lnconsum	0.282	1.121	0.0212	13.80***
	(0.175)	(1.815)	(0.166)	(5.248)
finanidx	0.00321	−0.0746	−0.000388	−0.769*
	(0.00801)	(0.165)	(0.00977)	(0.463)
lnstudents	0.166***	0.253	0.0123	0.361
	(0.0277)	(0.598)	(0.0895)	(2.684)

Variable	双固定效应 Thielup	双固定效应 Thielwise	双固定效应 TFP	双固定效应 CCidx
govern	−0.529***	−6.050	0.608*	6.196
	(0.140)	(6.354)	(0.351)	(9.536)
market	−0.0140*	0.235	0.0300	−1.271*
	(0.00811)	(0.331)	(0.0273)	(0.771)
fiscalidx	0.0907	−7.320	−0.00757	−18.59***
	(0.0794)	(7.482)	(0.205)	(5.895)
politic	−0.0444	−0.722	−0.801***	−2.607
	(0.0415)	(0.973)	(0.0873)	(3.126)
secondary	−0.416***	−9.698	0.573**	13.04
	(0.115)	(9.741)	(0.269)	(9.850)
center	−0.753**	−13.69	−0.357	63.62***
	(0.294)	(13.82)	(0.350)	(12.02)
Constant	4.442***	−5.781	0.665	−30.04
	(0.935)	(10.18)	(0.963)	(32.32)
Observations	629	629	629	629
R-squared	0.921	0.094	0.873	0.898

注：Robust standard errors in parentheses；***$p<0.01$，**$p<0.05$，*$p<0.1$。

据表4-8可知，单位投资产出和创新竞争在除了就业消纳维度以外表现出较好的一致性。单位投资产出的驱动效应主要集中在技术进步、就业消纳、产业升级维度，不过仅在技术进步维度显著，单位投资产出正向变动1单位，可以驱动0.0315单位的技术进步，并通过10%置信水平下的显著性检验。创新竞争的驱动效应集中在产业升级和技术进步维度，但仅在产业升级维度显著，创新竞争驱动了近五成的产业升级效应，并通过5%置信水平下的显著性检验。需要强调的是，投资质量治理逻辑对创新创业有大幅抑制效应，主要在创新竞争逻辑富集和显著。

4.3.3 东北振兴的投资质量治理综合判断

本节以经济发展综合绩效（Invpscore）作为质量治理逻辑的综合产出维度，指标测量同第3章，基于组内个体固定效应估计进行逐步回归，并给出个体固定效应（LSDV）和个体时点双固定效应估计，以期互为稳健性检验，结果见表4-9。

表4-9 东北振兴的投资质量治理综合判断

Variable	固定效应（组内）Invpscore	固定效应（组内）Invpscore	固定效应（组内）Invpscore	固定效应（LSDV）Invpscore	双固定效应 Invpscore
pinvoutput	−0.00794*		−0.00689	−0.00689	0.000103
	(0.00424)		(0.00434)	(0.00555)	(0.00425)
innidx		−0.218	−0.163	−0.163	−0.467***
		(0.144)	(0.148)	(0.163)	(0.158)
lntrade	−0.00213	0.00355	0.000156	0.000156	−0.00691
	(0.0118)	(0.0111)	(0.0116)	(0.0145)	(0.0172)
lnconsum	−0.113***	−0.0920**	−0.107**	−0.107**	0.0233
	(0.0401)	(0.0388)	(0.0397)	(0.0475)	(0.0425)
finanidx	0.00379	0.00264	0.00380	0.00380	−0.000545
	(0.00234)	(0.00335)	(0.00237)	(0.00336)	(0.00206)
lnstudents	0.0329*	0.0328	0.0346*	0.0346	0.0215
	(0.0192)	(0.0200)	(0.0197)	(0.0273)	(0.0247)
govern	0.0865	0.0799	0.0459	0.0459	−0.155
	(0.123)	(0.132)	(0.130)	(0.126)	(0.104)
market	−0.00318	−0.00537	−0.00396	−0.00396	0.00637
	(0.00604)	(0.00602)	(0.00601)	(0.00624)	(0.00785)
fiscalidx	−0.158**	−0.182***	−0.168***	−0.168***	−0.0172
	(0.0596)	(0.0573)	(0.0602)	(0.0609)	(0.0651)

续表

Variable	固定效应（组内）Invpscore	固定效应（组内）Invpscore	固定效应（组内）Invpscore	固定效应（LSDV）Invpscore	双固定效应 Invpscore
politic	0.0240***	0.0223***	0.0229***	0.0229***	−0.0361
	(0.00522)	(0.00529)	(0.00538)	(0.00865)	(0.0247)
secondary	0.292***	0.315***	0.288***	0.288***	0.216***
	(0.0915)	(0.0880)	(0.0923)	(0.0952)	(0.0796)
center				0.333***	0.251**
				(0.120)	(0.111)
Constant	0.949***	0.829***	0.936***	0.758***	0.0706
	(0.228)	(0.214)	(0.221)	(0.214)	(0.248)
Observations	629	629	629	629	629
R-squared	0.203	0.201	0.204	0.615	0.764
Number of city1	37	37	37		

注：Robust standard errors in parentheses；***p<0.01，**p<0.05，*p<0.1。

在组内个体固定效应模型的逐步回归估计中，无论是独立估计还是综合估计，单位投资产出和创新竞争均表现出负向效应，仅有单位投资产出的独立效应显著，综合估计中负向效应均不显著。

通过变换个体固定效应估计方法，此结论保持稳健。

在个体时点双固定效应估计中，单位投资产出变为非显著的微弱驱动效应，而创新竞争的负效应大大加强，且通过1%置信水平下显著性检验。

由此，在经济发展的综合绩效视角下，投资质量治理逻辑显著抑制效应和非显著的驱动效应并存，表现出局部非显著弱驱动特征。

但是在分维度绩效视角下，投资质量治理逻辑表现出多元驱动特征，投资质量治理逻辑在产业升级和技术进步维度呈现整体显著及非显著全驱动，对就业消纳呈现局部非显著弱驱动；另外，投资质量治理逻辑对提升人均投资产出、促进创新创业存在较大阻滞。

从质量治理逻辑内部来看，对推进产业升级、技术进步存在半显著的全驱动效应，对提升就业消纳存在非显著半驱动效应。

总的来说，投资质量治理逻辑对指导新基建视角下的全面发展存在分绩效维度和分逻辑的局部驱动效应，应以这些具体的局部驱动效应为切入点，扭转投资质量治理的负驱动效应，进而推进东北投资质量治理逻辑的适应性，并实现整体效率。

4.4 东北振兴的投资区位治理驱动效应

本节在经济发展视角下检验东北投资的区位治理逻辑，先以人均产出水平为被解释变量，构建固定效应模型，判断区位治理逻辑的驱动效应；随后通过扩展被解释变量给出产业升级、就业消纳、技术进步、创新创业等维度的质量治理驱动效应估计；最后在综合发展绩效视角下对东北投资的区位治理逻辑加以判断。在检验人均产出绩效和综合发展绩效时，先对两类区位治理逻辑逐步回归估计，然后综合回归估计，综合回归估计给出多种方法的固定效应估计，以期互为稳健性检验；在其他经济发展分绩效维度，直接给出个体时点双固定效应估计加以判断。

在解释变量上，结合 4.1 节结论，将区位治理逻辑具体分为两个维度：高铁开通（HSR），据国家铁路局历年数据整理，高铁开通当年及以后年份赋值为 1，未开通高铁年份赋值为 0；区域开放度（openidx）=（当年实际使用外资金额）/（固定资产投资总额）。控制变量与模型 4.1 设定相同。

4.4.1 东北振兴的投资区位治理初步判断

本节先以人均产出水平（lnpgdp）作为区位治理逻辑的基础产出维度，对其治理驱动效应作初步判断，基于组内个体固定效应估计进行逐步回归，并给出个体固定效应（LSDV）和个体时点双固定效应估计，以期互为稳健性检验，结果见表 4-10。

表4-10　　　　　　　　东北振兴的投资区位治理初步判断

Variable	固定效应（组内）lnpgdp	固定效应（组内）lnpgdp	固定效应（组内）lnpgdp	固定效应（LSDV）lnpgdp	双固定效应lnpgdp
HSR	−0.0308**		−0.0294*	−0.0294***	−0.0402***
	(0.0145)		(0.0147)	(0.00955)	(0.00738)
openidx		0.129	0.0741	0.0741	0.282***
		(0.0786)	(0.0813)	(0.0743)	(0.0703)
lntrade	0.0243**	0.0226*	0.0235*	0.0235***	−0.0166**
	(0.0119)	(0.0119)	(0.0118)	(0.00898)	(0.00684)
lnconsum	0.512***	0.507***	0.512***	0.512***	0.170**
	(0.115)	(0.112)	(0.114)	(0.0987)	(0.0736)
finanidx	−0.0122*	−0.0127*	−0.0120*	−0.0120**	−0.00994*
	(0.00633)	(0.00643)	(0.00623)	(0.00609)	(0.00560)
lnstudents	0.0795***	0.0789***	0.0797***	0.0797***	0.0492***
	(0.0201)	(0.0205)	(0.0202)	(0.0147)	(0.0104)
govern	0.243**	0.277**	0.236**	0.236***	−0.0928
	(0.106)	(0.103)	(0.106)	(0.0749)	(0.0642)
market	0.0335***	0.0320***	0.0337***	0.0337***	−0.00329
	(0.0107)	(0.0110)	(0.0107)	(0.00999)	(0.00433)
fiscalidx	−0.220***	−0.230***	−0.221***	−0.221***	−0.129***
	(0.0473)	(0.0472)	(0.0469)	(0.0322)	(0.0285)
politic	0.00211	0.00382	0.00233	0.00233	0.161***
	(0.00567)	(0.00543)	(0.00578)	(0.00678)	(0.0199)
secondary	0.930***	0.956***	0.930***	0.930***	0.764***
	(0.0829)	(0.0791)	(0.0828)	(0.0743)	(0.0465)
center				−0.439***	0.160
				(0.142)	(0.116)
Constant	0.0857	0.123	0.0826	0.318	2.657***
	(0.531)	(0.511)	(0.530)	(0.389)	(0.404)
Observations	629	629	629	629	629
R−squared	0.951	0.950	0.951	0.971	0.982
Number of city1	37	37	37		

注：Robust standard errors in parentheses；***p<0.01，**p<0.05，*p<0.1。

在逐步回归估计中，高铁开通和区域开放度对人均产出的作用效应存在显著差异。在独立效应估计中，高铁开通可以抑制0.0308对数单位的人均经济产出，并且通过5%置信水平的显著性检验；而每1单位的区域开放度可以提升0.129单位的人均产出，但并不显著。

在综合效应估计中，高铁开通的抑制效应小幅下降但仍然显著，区域开放的驱动效应也下降且仍不显著。采用个体固定效应（LSDV）估计后，结论一致；在个体时点双固定效应估计中，高铁开通的抑制效应变大且保持显著；区域开放的驱动效应大幅变强且变得显著，每1单位的区域开放带来了0.282单位的人均经济产出，并通过1%置信水平显著性检验。

由此可以得出，东北投资区位治理逻辑对人均产出存在兼具驱动效应和抑制效应，两种效应均显著，驱动效应主要集中于区域开放治理逻辑，抑制效应主要来自于高铁开通治理逻辑。高铁开通本身具有固定资产投资效应，也改善了区域内物流、人流、信息流的流动条件，但是有可能导致东北地区的区位比较优势进一步丧失，进而带来对人均经济产出的负效应。

4.4.2 东北振兴的投资区位治理拓展判断

本节基于个体时点双固定效应模型继续估计了产业升级（Thielup）、就业消纳（Thielwise）、技术进步（TFP）、创新创业（CCidx）等绩效维度下高铁开通和区域开放度两种区位治理逻辑的治理驱动效应，具体见表4-11。

表4-11　　　　东北振兴的投资区位治理拓展判断

Variable	双固定效应 Thielup	双固定效应 Thielwise	双固定效应 TFP	双固定效应 CCidx
HSR	0.0351**	1.019	−0.0362	−1.734
	(0.0175)	(1.095)	(0.0467)	(1.505)
openidx	0.140	3.546	−0.780	−2.340
	(0.143)	(7.093)	(0.509)	(13.04)

续表

Variable	双固定效应 Thielup	双固定效应 Thielwise	双固定效应 TFP	双固定效应 CCidx
lntrade	0.0593*	2.230	0.114***	−2.152
	(0.0334)	(2.260)	(0.0405)	(1.414)
lnconsum	0.292*	1.121	0.00345	12.17**
	(0.172)	(1.754)	(0.166)	(5.247)
finanidx	0.00399	−0.0971	0.00274	−0.863
	(0.00709)	(0.177)	(0.0114)	(0.529)
lnstudents	0.168***	0.155	0.0540	0.101
	(0.0278)	(0.561)	(0.0891)	(2.687)
govern	−0.660***	−3.552	0.457	24.21***
	(0.131)	(4.294)	(0.323)	(8.972)
market	−0.0166**	0.221	0.0389	−1.012
	(0.00833)	(0.313)	(0.0276)	(0.794)
fiscalidx	0.0493	−7.649	0.0537	−14.42**
	(0.0777)	(7.772)	(0.207)	(5.693)
politic	−0.0460	−0.581	−0.881***	−2.119
	(0.0461)	(0.887)	(0.0891)	(3.217)
secondary	−0.437***	−8.522	0.507*	17.59*
	(0.116)	(8.639)	(0.271)	(9.942)
center	−0.851***	−13.98	−0.320	73.71***
	(0.284)	(14.07)	(0.353)	(11.91)
Constant	4.547***	−6.348	0.692	−39.76
	(0.925)	(10.12)	(0.952)	(32.38)
Observations	629	629	629	629
R−squared	0.920	0.095	0.873	0.896

注：Robust standard errors in parentheses；***p<0.01，**p<0.05，*p<0.1。

据表4-11可知，高铁开通和区域开放在这些维度表现出较好的一致性。两种区位治理逻辑的主要驱动效应集中在产业升级和就业消纳，但对就业消纳的驱动效应缺乏显著性，产业升级的驱动效应也主要来自于高铁开通治理逻辑，并且仅在高铁开通上显著。

需要强调的是，高铁开通和区域开放两种投资区位治理逻辑对创新创业和技术进步均存在抑制效应，但均不显著。抑制技术进步效应主要集中在区域开放导致，降低创新创业则由高铁开通和区域开放度共同贡献，区位治理的硬件逻辑和软件逻辑、一次性逻辑和持续性逻辑均不利于创新创业。区位治理逻辑带来的可能是非差异化竞争，创新创业人才可能会流向区位条件更好的地区和城市，不利于本地的创新创业。阻碍技术进步的原因也可能在于此——技术内生进步的人力资本驱动可能会受到区位改善的影响而加速流出。

4.4.3　东北振兴的投资区位治理综合判断

本节以经济发展综合绩效（Invpscore）作为区位治理逻辑的综合产出维度，指标测量同第3章，基于组内个体固定效应估计进行逐步回归，并给出个体固定效应（LSDV）和个体时点双固定效应估计，以期互为稳健性检验，结果见表4-12。

表4-12　　　　　东北振兴的投资区位治理综合判断

Variable	固定效应（组内）Invpscore	固定效应（组内）Invpscore	固定效应（组内）Invpscore	固定效应（LSDV）Invpscore	双固定效应 Invpscore
HSR	−0.0301**		−0.0309**	−0.0309*	−0.0254*
	(0.0143)		(0.0140)	(0.0181)	(0.0139)
openidx		0.0156	−0.0419	−0.0419	−0.214
		(0.167)	(0.154)	(0.162)	(0.132)
lntrade	0.00138	0.000891	0.00181	0.00181	−0.00604
	(0.0114)	(0.0110)	(0.0108)	(0.0141)	(0.0157)

续表

Variable	固定效应（组内）Invpscore	固定效应（组内）Invpscore	固定效应（组内）Invpscore	固定效应（LSDV）Invpscore	双固定效应 Invpscore
lnconsum	−0.0908**	−0.0971**	−0.0912**	−0.0912**	0.0130
	(0.0384)	(0.0398)	(0.0386)	(0.0433)	(0.0430)
finanidx	0.00324	0.00241	0.00315	0.00315	−0.00130
	(0.00345)	(0.00347)	(0.00351)	(0.00396)	(0.00253)
lnstudents	0.0309	0.0301	0.0309	0.0309	0.0232
	(0.0191)	(0.0196)	(0.0192)	(0.0270)	(0.0243)
govern	0.0955	0.143	0.0994	0.0994	−0.0116
	(0.125)	(0.126)	(0.127)	(0.110)	(0.0929)
market	−0.00262	−0.00451	−0.00272	−0.00272	0.00982
	(0.00610)	(0.00611)	(0.00606)	(0.00607)	(0.00801)
fiscalidx	−0.162***	−0.171***	−0.162***	−0.162***	0.0257
	(0.0560)	(0.0581)	(0.0561)	(0.0581)	(0.0664)
politic	0.0222***	0.0236***	0.0221***	0.0221***	−0.0437*
	(0.00520)	(0.00520)	(0.00523)	(0.00853)	(0.0257)
secondary	0.297***	0.326***	0.298***	0.298***	0.244***
	(0.0819)	(0.0870)	(0.0818)	(0.0909)	(0.0775)
center				0.345***	0.347***
				(0.114)	(0.111)
Constant	0.778***	0.823***	0.780***	0.599***	−0.0437
	(0.216)	(0.226)	(0.217)	(0.193)	(0.253)
Observations	629	629	629	629	629
R−squared	0.204	0.199	0.204	0.615	0.763
Number of city1	37	37	37		

注：Robust standard errors in parentheses；***p<0.01，**p<0.05，*p<0.1。

在组内个体固定效应模型的逐步回归估计中，无论是独立估计还是综合估计，高铁开通的作用效应均为负向显著；在独立回归中，区域开放治理逻辑存在正向非显著的驱动效应，但在综合回归中，变为非显著的抑制效应。这说明高铁开通和区域开放度治理可能存在一定的替代效应。

通过变换个体固定效应（LSDV）和个体时点双固定估计方法，此结论保持稳健。东北投资的区位治理逻辑在降低其综合经济发展绩效。

由此，在经济发展的综合绩效视角下，投资区位治理逻辑存在显著或非显著的抑制效应，表现出整体无驱动特征。这与新基建投资治理视角下预期逻辑不符，因此需要进一步优化东北投资区位治理。

但是在分维度绩效视角下，投资区位治理逻辑表现出多元特征，在人均产出维度，呈现局部显著强驱动特征；在产业升级维度，呈现整体显著及非显著全驱动；在就业消纳维度，呈现整体非显著全驱动；另外，投资区位治理逻辑对技术进步和创新创业存在较大阻滞，尽管效应不显著。

从区位治理逻辑内部来看，对提升人均产出存在半显著的半驱动效应，对推进产业升级存在半显著的全驱动效应，对提升就业消纳存在非显著全驱动效应。

总的来说，投资区位治理逻辑对指导新基建视角下的全面发展存在分绩效维度和分逻辑的局部驱动效应，应以这些具体的局部驱动效应为切入点，扭转投资区位治理的负驱动效应，进而推进东北投资区位治理逻辑的适应性，并实现整体效率。

4.5 东北振兴的投资综合治理驱动效应

本节在经济发展视角下检验东北投资的全方位治理逻辑，先以人均产出水平为被解释变量，构建固定效应模型，综合判断数量治理逻辑、质量治理逻辑、区位治理逻辑的整体驱动效应；随后通过扩展被解释变量给出产业升级、就业消纳、技术进步、创新创业等维度的投资治理驱动效应估计；最后在综合发展绩效视角下对东北投资的综合治理逻辑加以判断。在检验人均产出绩效和综合发展绩效时，先对三类投资治理逻辑逐步不放回回归估计；然后对综合回归估计给出多种方法的固定效应估计，以期互为稳健性检验；在其他经济发展分绩效维度，直接给出个体时点双固定效应估计加以判断。

4.5.1　东北振兴的投资综合治理初步判断

本节先以人均产出水平（lnpgdp）作为三类投资治理逻辑的基础产出维度，对其治理驱动效应作初步判断，基于组内个体固定效应估计进行逐步不放回回归，并给出个体固定效应（LSDV）和个体时点双固定效应估计，以期互为稳健性检验，结果见表4-13。

表4-13　　　　　　　东北振兴的投资综合治理初步判断

Variable	固定效应（组内）lnpgdp	固定效应（组内）lnpgdp	固定效应（组内）lnpgdp	固定效应（LSDV）lnpgdp	双固定效应 lnpgdp
invcd	0.0127***	0.00909*	0.00869	0.00869*	0.0141***
	(0.00358)	(0.00510)	(0.00542)	(0.00478)	(0.00407)
fdiidx	0.136	0.0994	−0.143	−0.143	−0.326*
	(0.154)	(0.152)	(0.313)	(0.201)	(0.175)
pinvoutput		−0.00548	−0.00669	−0.00669	0.00744
		(0.00748)	(0.00753)	(0.00565)	(0.00459)
innidx		−0.203	−0.180	−0.180*	−0.426***
		(0.133)	(0.134)	(0.103)	(0.107)
HSR			−0.0242	−0.0242**	−0.0347***
			(0.0146)	(0.00962)	(0.00725)
openidx			0.139	0.139	0.421***
			(0.173)	(0.114)	(0.118)
lntrade	0.0267**	0.0260**	0.0248**	0.0248***	−0.00697
	(0.0117)	(0.0108)	(0.0103)	(0.00794)	(0.00635)
lnconsum	0.483***	0.484***	0.489***	0.489***	0.165**
	(0.110)	(0.113)	(0.115)	(0.100)	(0.0700)

续表

Variable	固定效应 （组内） lnpgdp	固定效应 （组内） lnpgdp	固定效应 （组内） lnpgdp	固定效应 （LSDV） lnpgdp	双固定效应 lnpgdp
finanidx	−0.0101**	−0.00972**	−0.00907**	−0.00907**	−0.00820*
	(0.00480)	(0.00456)	(0.00421)	(0.00436)	(0.00476)
lnstudents	0.0758***	0.0811***	0.0831***	0.0831***	0.0501***
	(0.0196)	(0.0203)	(0.0202)	(0.0146)	(0.0109)
govern	0.270**	0.176*	0.144	0.144*	−0.158**
	(0.104)	(0.104)	(0.103)	(0.0736)	(0.0723)
market	0.0341***	0.0336***	0.0354***	0.0354***	−0.00491
	(0.0109)	(0.0111)	(0.0108)	(0.0101)	(0.00416)
fiscalidx	−0.186***	−0.199***	−0.197***	−0.197***	−0.130***
	(0.0433)	(0.0420)	(0.0422)	(0.0284)	(0.0276)
politic	0.00668	0.00479	0.00377	0.00377	0.158***
	(0.00548)	(0.00537)	(0.00581)	(0.00687)	(0.0196)
secondary	0.876***	0.866***	0.849***	0.849***	0.697***
	(0.0789)	(0.0813)	(0.0795)	(0.0671)	(0.0496)
center				−0.440***	0.0857
				(0.152)	(0.111)
Constant	0.203	0.274	0.236	0.478	2.707***
	(0.500)	(0.539)	(0.554)	(0.411)	(0.379)
Observations	629	629	629	629	629
R-squared	0.953	0.954	0.955	0.973	0.984
Number of city1	37	37	37		

注：Robust standard errors in parentheses；***p<0.01，**p<0.05，*p<0.1。

据表4-13可知，在人均产出水平的逐步回归估计中，加入投资区位治理逻辑后，投资数量治理逻辑驱动效应减弱且不显著或者变为负效应，说明区位治理逻辑对投资治理逻辑的驱动效应存在分润效应，而且主要是区域开放治理对引资竞争的驱动挤出导致。在综合效应估计中，投资治理对人均产出的驱动效应主要集中于投资冲动治理逻辑和区域（外资）开放治理逻辑，二者均通过1%置信水平的显著性检验，单位投资产出治理逻辑也对其有非显著驱动效应，其余治理逻辑对其均存在显著抑制效应。

4.5.2 东北振兴的投资综合治理拓展判断

本节基于个体时点双固定效应模型继续估计了产业升级（Thielup）、就业消纳（Thielwise）、技术进步（TFP）、创新创业（CCidx）等绩效维度下多元治理逻辑的治理驱动效应，具体见表4-14。

表4-14　　　　**东北振兴的投资综合治理拓展判断**

Variable	双固定效应 Thielup	双固定效应 Thielwise	双固定效应 TFP	双固定效应 CCidx
invcd	−0.00630	−0.926	−0.00192	1.249**
	(0.00792)	(0.926)	(0.0200)	(0.604)
fdiidx	0.901**	−4.478	−1.824	−71.14**
	(0.382)	(13.70)	(1.212)	(34.03)
pinvoutput	0.00271	−0.763	0.0203	0.656
	(0.00895)	(0.768)	(0.0237)	(0.666)
innidx	0.439**	0.773	0.189	−65.17***
	(0.196)	(5.183)	(0.593)	(17.77)
HSR	0.0310*	0.726	−0.0341	−1.151
	(0.0168)	(0.849)	(0.0472)	(1.533)
openidx	−0.257	4.123	0.203	28.46
	(0.251)	(6.524)	(0.859)	(24.48)
lntrade	0.0565*	1.686	0.101**	−1.308
	(0.0326)	(1.731)	(0.0414)	(1.465)

Variable	双固定效应 Thielup	双固定效应 Thielwise	双固定效应 TFP	双固定效应 CCidx
lnconsum	0.295*	1.733	0.0157	12.34**
	(0.178)	(2.332)	(0.165)	(5.196)
finanidx	0.00243	−0.144	−0.000913	−0.678
	(0.00824)	(0.223)	(0.00971)	(0.436)
lnstudents	0.160***	0.552	0.0334	0.377
	(0.0278)	(0.804)	(0.0919)	(2.710)
govern	−0.551***	−8.125	0.703*	11.76
	(0.155)	(8.394)	(0.376)	(10.41)
market	−0.0156*	0.270	0.0359	−1.257
	(0.00831)	(0.354)	(0.0273)	(0.786)
fiscalidx	0.0785	−9.399	−0.0125	−17.16***
	(0.0863)	(9.461)	(0.207)	(5.789)
politic	−0.0428	−0.763	−0.828***	−2.216
	(0.0461)	(1.069)	(0.0912)	(3.256)
secondary	−0.389***	−6.503	0.591**	9.831
	(0.114)	(6.843)	(0.281)	(10.07)
center	−0.795***	−12.44	−0.243	64.24***
	(0.290)	(12.71)	(0.356)	(12.05)
Constant	4.439***	−3.701	0.590	−30.55
	(0.948)	(10.07)	(0.962)	(32.08)
Observations	629	629	629	629
R-squared	0.922	0.100	0.874	0.899

注：Robust standard errors in parentheses；***p<0.01，**p<0.05，*p<0.1。

据表4-14可发现,投资治理对产业升级的驱动效应主要集中于引资竞争治理逻辑、创新竞争治理逻辑、高铁开通治理逻辑,人均投资收益治理逻辑对其也有非显著驱动效应,其余治理逻辑对其存在非显著抑制效应。

投资治理对就业消纳的驱动效应主要集中于创新竞争治理逻辑、高铁开通治理逻辑、区域开放度治理逻辑,但均不显著,其余治理逻辑对其存在非显著抑制效应。

投资治理对技术进步的驱动效应主要集中于创新竞争治理逻辑、区域开放治理逻辑、单位投资收益治理逻辑,但均不显著,其余治理逻辑对其存在非显著抑制效应。

投资治理对创新创业的驱动效应主要集中于投资冲动治理逻辑,区域开放度治理逻辑、单位投资收益治理逻辑对其有非显著驱动效应,引资竞争治理逻辑、创新竞争治理逻辑对其有显著的强抑制效应,高铁开通治理逻辑存在非显著的抑制效应。

4.5.3 东北振兴的投资治理逻辑综合判断

本节以经济发展综合绩效(Invpscore)作为三类投资治理逻辑的综合产出维度,对其治理驱动效应作综合判断,基于组内个体固定效应估计进行逐步不放回回归,并给出个体固定效应(LSDV)和个体时点双固定效应估计,以期互为稳健性检验,结果见表4-15。

表4-15　　　**东北振兴的投资治理逻辑综合判断**

Variable	固定效应 (组内) Invpscore	固定效应 (组内) Invpscore	固定效应 (组内) Invpscore	固定效应 (LSDV) Invpscore	双固定效应 Invpscore
invcd	0.00717	0.00472	0.00415	0.00415	0.00638
	(0.00475)	(0.00679)	(0.00715)	(0.00778)	(0.00667)
fdiidx	−0.121	−0.150	−0.400	−0.400	−0.562*
	(0.209)	(0.208)	(0.415)	(0.428)	(0.325)
pinvoutput		−0.00358	−0.00494	−0.00494	0.00242
		(0.00620)	(0.00660)	(0.00707)	(0.00619)

续表

Variable	固定效应（组内）Invpscore	固定效应（组内）Invpscore	固定效应（组内）Invpscore	固定效应（LSDV）Invpscore	双固定效应 Invpscore
innidx		−0.186	−0.161	−0.161	−0.477***
		(0.152)	(0.154)	(0.163)	(0.157)
HSR			−0.0279*	−0.0279	−0.0220
			(0.0140)	(0.0188)	(0.0142)
openidx			0.140	0.140	0.0259
			(0.316)	(0.276)	(0.242)
lntrade	0.00322	0.00340	0.00212	0.00212	−0.00158
	(0.0105)	(0.0111)	(0.0105)	(0.0143)	(0.0153)
lnconsum	−0.109**	−0.107***	−0.101**	−0.101**	0.0160
	(0.0410)	(0.0391)	(0.0384)	(0.0465)	(0.0432)
finanidx	0.00357	0.00387	0.00459*	0.00459	8.08e 05
	(0.00267)	(0.00240)	(0.00246)	(0.00331)	(0.00211)
lnstudents	0.0291	0.0333	0.0355*	0.0355	0.0265
	(0.0200)	(0.0204)	(0.0201)	(0.0277)	(0.0250)
govern	0.153	0.0765	0.0381	0.0381	−0.117
	(0.129)	(0.131)	(0.128)	(0.133)	(0.107)
market	−0.00357	−0.00412	−0.00213	−0.00213	0.00816
	(0.00620)	(0.00597)	(0.00576)	(0.00615)	(0.00790)
fiscalidx	−0.153**	−0.165***	−0.162***	−0.162**	−0.000392
	(0.0594)	(0.0588)	(0.0588)	(0.0636)	(0.0702)
politic	0.0251***	0.0235***	0.0223***	0.0223**	−0.0448*
	(0.00538)	(0.00551)	(0.00569)	(0.00897)	(0.0262)
secondary	0.288***	0.279***	0.259***	0.259***	0.193**
	(0.0965)	(0.0990)	(0.0922)	(0.0957)	(0.0790)
center				0.334***	0.282***
				(0.120)	(0.107)

Variable	固定效应（组内）Invpscore	固定效应（组内）Invpscore	固定效应（组内）Invpscore	固定效应（LSDV）Invpscore	双固定效应Invpscore
Constant	0.857***	0.905***	0.862***	0.688***	0.0331
	(0.231)	(0.207)	(0.204)	(0.209)	(0.247)
Observations	629	629	629	629	629
R-squared	0.203	0.205	0.210	0.618	0.768
Number of city1	37	37	37		

注：Robust standard errors in parentheses；***$p<0.01$，**$p<0.05$，*$p<0.1$。

据表4-15可知，投资治理对经济发展综合绩效的驱动效应主要集中于区域开放度治理逻辑、投资冲动治理逻辑、单位投资收益治理逻辑，但均不显著。引资竞争治理逻辑、创新竞争治理逻辑对经济发展综合绩效有显著的抑制效应，高铁开通治理逻辑对经济发展综合绩效存在非显著的抑制效应。

4.6 本章小结

本章先是分类独立估计了投资数量治理逻辑、投资质量治理逻辑、投资区位治理逻辑对经济发展多元分维度和综合绩效的驱动效应，随后对其进行综合回归估计，发现：东北投资治理对经济发展只存在分维度绩效或者分维度逻辑下的局部驱动效应，东北投资治理驱动尚处于一个星点驱动的状态，要想实现东北投资治理驱动的烈火燎原，需要一个从点到面的优化和协同过程。整体来看，东北振兴由投资驱动转向投资治理驱动的动能转化尚在起步阶段，或者说从"大基建投资驱动"模式向"新基建投资治理驱动"模式的转变还未完成，东北投资治理应尽快完成与新基建投资治理的统一。

5   东北振兴的投资治理赋能效应

　　新基建投资治理优化视角下，投资治理对东北振兴中的投资驱动效率提升有显著赋能效应。新基建使投资驱动的根本动力从城镇化转向信息化，而信息化的最前沿是数字化，新基建自身可以作为数字化基础设施和数字化平台，促使投资治理为东北全面振兴赋能提效，这种投资治理的赋能效应集中在投资驱动效率的改变。由此，长期困扰东北投资的"低效率"陷阱有望突破。东北经济边缘化的压力之所以不断加大，本质上还是生产效率的问题。而长期依赖投资驱动的东北振兴也被投资效率所限制，上限不高，"投资不过山海关"等投资问题固然表征为营商环境和投资机会限制等方面，但本质上还是投资效率的问题。

　　在"大基建投资治理"模式中，经济发展主要依赖资源、生产要素的规模效率驱动，由于历史原因，东北地区国有资本控制了大部分依靠规模效率取得收益的领域，留给民间资本的机会不多，依靠加快城镇化进程催生了房地产行业的流入机会。而从大基建中拿走主要激励的房地产行业，本质上也是资源和要素驱动下的规模效率，因此在东北振兴的黄金十年之后，投资驱动效率存在上限，甚至反复，"新东北现象"出现，在出清新一轮投资空间之后，投资驱动效率恢复性改善，但是无法突破上限。

新基建投资治理优化视角下，数字化赋能使东北投资驱动的效率从规模效率转向技术效率和要素配置效率，并且技术效率进步是长期的，新一代数字化技术革命刚刚起步，参考20世纪70年代起成功帮助西方发达国家解决"滞胀"危机的半导体信息化科技革命，新一轮数字化技术革命的赋能红利可以持续几十年，东北投资驱动的效率也将拥有长期且无限的改善空间。也就是说，新基建投资治理为东北振兴的投资驱动带来新效率赋能空间，因此有必要考虑东北投资驱动效率的持续改善问题。与此同时，新基建投资治理带来更加多元的投资治理逻辑，这些逻辑如何更好地驱动投资效率改善，有必要加以检验。

5.1　东北振兴的投资驱动效率测度

关于东北投资驱动效率，本书采用数据包络分析（DEA）方法测度。数据包络分析方法，允许多种投入和产出，也不需要预定具体函数形式，因此有着较好适用场景，是广泛应用的经济效率测度方法。本书基于BCC模型和CCR模型，采用改进的估计方法[1]：

$$
DMUj = \begin{cases}
\min[\theta - \varepsilon(e^{\mathrm{T}}s^- + e's^+)] \\
\sum_{j=1}^{n} X_j\lambda_j + s^- = \theta X_0 \\
\sum_{j=1}^{n} Y_j\lambda_j - s^+ = Y_0 \\
\sum \lambda_j = 1；\quad \lambda_j \geqslant 0，j = 1，2，3，\cdots，n \\
s^+ \geqslant 0，s^- \geqslant 0
\end{cases}
\tag{5-1}
$$

其中，$s^+ \geqslant 0$ 和 $s^- \geqslant 0$ 分别表示剩余变量和松弛变量；θ 为相对效率指数，取值介于0到1之间，θ 值越高，样本中个体的投资驱动效率越高，证明该个体的投资驱动活动中的资源配置程度高，资源浪费少；当 $\theta=1$

---

[1]　成刚. 数据包络分析方法与 MaxDEA 软件［M］. 北京：知识产权出版社，2014：62-64.

时，该地区在特定年份中投资驱动活动处在最优投资驱动活动的前沿面上，其投资经济产出相对于其投入达到了综合效率最优水平；λ为非负权重变量。

公式（5-1）的约束条件是：当 $\theta^0=1$ 且 $s^+=0$，$s^-=0$ 时，DMU_j 获得最大的投入产出比，此时在理论分析上可以达到技术有效最优水平。将相关决策单元的各项投入指标与各项产出指标的数据带入到公式中，进行线性规划运算得出综合效率（TE）。

目前关于东北投资驱动效率测度尚没有权威定义。基于新基建和投资治理视角，本书从区域整体投资、区域引进资本、区域创新投资、区域融资支持四个子维度选取指标作为东北投资驱动的投入单元，具体包括固定资产投资（lninv）、实际利用外资（lnfdi）、财政创新支出（lninn）、金融机构贷款（lnloan）四项指标；产出单元则基于第3章经济发展综合绩效的五个分维度，从区域经济产出、区域产业升级、区域就业消纳、区域技术进步、区域双创培育五个维度加以考虑，具体包括人均地区生产总值（lnpgdp）、产业结构高级化指数（Thielup）、就业消纳指数（Thielwise）、全要素生产率（TFP）、创新创业指数（CCidx）。具体指标测量见表5-1。

表5-1　　　　　　　东北投资驱动效率投入与产出单元设定

	子维度	指标	变量测度方法
投入单元	区域整体投资	固定资产投资（lninv）	固定资产投资金额取对数
	区域引进资本	实际利用外资（lnfdi）	当年实际利用外资金额取对数
	区域创新投资	财政创新支出（lninn）	财政教育支出与财政科技支出之和取对数
	区域融资支持	金融机构贷款（lnloan）	年末金融机构贷款额取对数

续表

子维度	指标	变量测度方法
区域经济产出	人均地区生产总值（lnpgdp）	人均地区生产总值取对数
区域产业升级	产业结构高级化指数（Thielup）	参考干春晖（2011）产业结构高级化指数算法，据地级市面板数据测算
区域就业消纳	就业消纳指数（Thielwise）	借鉴干春晖（2011）产业结构合理化指数算法，采用其反向定义
区域技术进步	全要素生产率（TFP）	产出为实际地区生产总值，投入要素为从业人员数和固定资产（参考张军（2004）永续盘存法），参考Battese和Coelli模型利用SFA方法得出
区域双创培育	创新创业指数（CCidx）	据北京大学张晓波"中国区域创新创业指数"2003-2019年数据整理得出

（"产出单元"为上表左侧合并单元格内容）

本书基于2003—2019年东北地区37个地市面板数据进行投资驱动效率（TE）测算。数据选取和数据处理与第3章相同，在此不再赘述。

图5-1展示了2003—2019年东北地区投资驱动效率（TE）的变动情况，以及具体的效率构成，其中crste为技术效率，vrste为规模效率。从图5-1可知，自2003年以来，东北投资驱动效率变化表现出"波动上升—波动下降—迅速回升"的特征。在2003—2010年，东北投资驱动效率整体波动上升，2008年达到次顶点，2008—2009年出现较大下降，有可能和2008年金融危机下技术效率下降有关；由于国家采取了进一步扩大内需、促进经济平稳较快增长的十项措施，2010年投资驱动效率达到顶点；2010—2018年，东北投资驱动效率呈现波动下降态势，之后一路波动下滑，在2014年触底，因为"新东北现象"造成投资需求减少，效率反而开始反弹，在2016年新一轮东北振兴战略出台时反弹结束，之后迅速下滑，在2018年触底；2018年之后，投资驱动

效率迅速反弹，可能和"新基建"补短板项目和科技创新项目的密集上马有关。从技术效率和规模效率的比较结构来看，2009年以前，技术效率和规模效率较为均衡，自2010年以后技术效率开始领先规模效率，2016年开始，规模效率又大幅领先。基本可以判断，技术效率如果开始超过规模效率，可能意味着衰退，规模效率则与投资政策密切关联，不过2016年以后的经验证明，仅靠规模效率上升已经不能驱动总体效率。

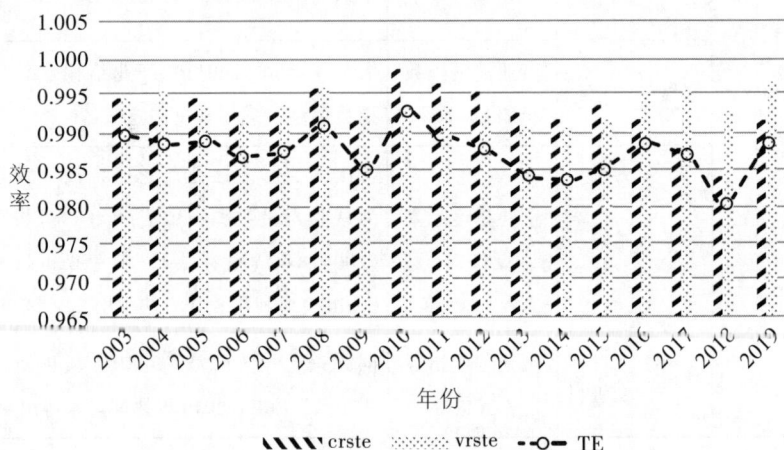

图5-1　2003—2019年东北地区投资驱动效率

表5-2给出了东北地区37个地市的平均投资驱动效率排序，七台河市和大庆市可能由于投资过少而相对效率较高，大连市、沈阳市、哈尔滨市的投资效率也排在最前面，这符合经济发展实际，但长春市的投资驱动效率相对于这几个副省级城市效率较低。整体来看，投资驱动效率处于头部的城市主要向辽宁省聚集。

表5-2　　　　　　　　　　东北各市投资驱动效率均值

city	TE	crste	vrste	city	TE	crste	vrste
七台河市	1.0000	1.0000	1.0000	伊春市	0.9925	1.0000	0.9925
大庆市	1.0000	1.0000	1.0000	吉林市	0.9895	0.9919	0.9976
大连市	1.0000	1.0000	1.0000	双鸭山市	0.9889	0.9919	0.9972
沈阳市	1.0000	1.0000	1.0000	牡丹江市	0.9889	0.9931	0.9959

续表

city	TE	crste	vrste	city	TE	crste	vrste
哈尔滨市	0.9998	0.9998	1.0000	赤峰市	0.9878	0.9934	0.9942
抚顺市	0.9996	1.0000	0.9996	通辽市	0.9853	0.9914	0.9936
盘锦市	0.9995	0.9997	0.9998	锦州市	0.9846	0.9944	0.9902
营口市	0.9994	1.0000	0.9994	四平市	0.9833	0.9908	0.9922
长春市	0.9980	0.9989	0.9991	葫芦岛市	0.9796	0.9851	0.9944
辽源市	0.9978	0.9988	0.9989	鸡西市	0.9790	0.9861	0.9927
鞍山市	0.9977	1.0000	0.9977	佳木斯市	0.9755	0.9870	0.9884
鹤岗市	0.9965	0.9989	0.9976	白城市	0.9746	0.9836	0.9906
通化市	0.9961	0.9978	0.9983	呼伦贝尔市	0.9706	0.9785	0.9918
朝阳市	0.9949	0.9971	0.9978	齐齐哈尔市	0.9685	0.9862	0.9816
白山市	0.9941	0.9972	0.9968	黑河市	0.9650	0.9890	0.9757
辽阳市	0.9939	0.9955	0.9984	松原市	0.9613	0.9735	0.9875
阜新市	0.9934	0.9962	0.9972	绥化市	0.9561	0.9788	0.9769
丹东市	0.9929	0.9949	0.9980	铁岭市	0.9450	0.9758	0.9682
本溪市	0.9928	0.9979	0.9949	Total	0.9871	0.9931	0.9939

5.2 东北振兴的投资治理赋能效应

5.2.1 模型构建、变量设定

在新基建投资治理优化视角下，东北经济振兴不仅是全面的，而且是长期的，这种长期的增长效应来自数字化赋能带来的投资产出比持续增长，即投资驱动效率的持续改善。由此，可以将投资驱动效率视为东北全面振兴绩效的深层维度，而投资驱动效率的改善可以视为投资治理赋能的结果。因此，研究东北投资治理对投资驱动效率的具体赋能效应，本书第4章模型4.1构建的投资治理驱动分析框架仍然适用。

同时，考虑到长期发展视角下，投资体制对投资治理逻辑的调节影响也是不可忽略的，因此本书引入投资体制作为调节变量，具体分为五个维度：区域投资强度（invrate）、区域创新投资水平（innrate）、房地产投资依赖度（estateidx）、财政分权（fiscalidx）、财政包容度（fiscalfree），具体指标测量见表5-3。

表5-3 变量设定及数据选取

变量类型	变量名称	指标测量
被解释变量	投资驱动效率（TE）	采用DEA方法，据BCC模型测算
解释变量（投资治理逻辑）	投资冲动（invcd）	固定资产投资总额与地方一般公共预算支出比值
	引资竞争（fdiidx）	当年实际使用外资金额占地区生产总值比重
	单位投资产出（pinvoutput）	地区生产总值与固定资产投资总额比值
	创新竞争（innidx）	财政科技支出与财政教育支出之和占地方一般公共预算支出比重
	高铁开通（HSR）	据国家铁路局历年数据整理，高铁开通当年及以后年份赋值为1，未开通高铁年份赋值为0
	区域开放度（openidx）	当年实际使用外资金额占固定资产投资总额比重
调节变量（投资体制）	区域投资强度（invrate）	固定资产投资总额对数与区域面积对数比值
	区域创新投资水平（innrate）	财政科技支出及财政教育支出之和与固定资产投资总额比值
	房地产投资依赖度（estateidx）	房地产开发投资完成额占固定资产投资总额比重
	财政分权（fiscalidx）	地方一般公共预算支出与地方一般预算收入之差占地方一般公共预算支出比重

续表

变量类型	变量名称	指标测量
调节变量 （投资体制）	财政包容度 （fiscalfree）	地方一般公共预算支出与地方一般公共预算收入比值
控制变量	外贸依存度 （tradeidx）	货物进出口总额与地区生产总值比值
	消费贡献度 （consum）	社会消费品零售总额对数与地区生产总值对数比值
	知识溢价水平 （lnstudents）	普通本专科在校学生取对数
	政府购买 （govern）	地方一般公共预算支出占地区生产总值比重
	市场化水平 （market）	参考樊纲市场化指数，利用地级市面板数据测算
	地方干部晋升强度 （politic）	参考顾元媛和沈坤荣（2012）赋值方法，2006年、2011年、2016年赋值为1，其余年份赋值为0
	工业化水平 （secondary）	第二产业增加值占地区生产总值比重
	是否为区域中心城市 （center）	沈阳市、大连市、长春市、哈尔滨市赋值为1，其余城市赋值为0

另外，考虑到解释变量为截堵数据，因此采用面板 Tobit 模型估计较为合适。参考模型 4.1，本书构建出模型 5.1（由公式（5-2）、公式（5-3）、公式（5-4）、公式（5-5）共同构成）：

$$Y_{it} = \alpha_0 + \alpha_k Z_{it} + w_h T_{it} + \beta_j X_{it} + \mu_i + \delta_t + \varepsilon_{it} \tag{5-2}$$

$$a_k Z_{it} = \{ a_1 invcd_{it} + a_2 fdiidx_{it} + a_3 pinvoutput_{it} + a_4 innidx_{it} + a_5 HSR_{it} + a_6 openidx_{it} \} \tag{5-3}$$

$$w_h T_{it} = \{ w_1 invrate_{it} + w_2 innrate_{it} + w_3 estateidx_{it} + w_4 fiscalidx_{it} + w_5 fiscalfree_{it} \} \tag{5-4}$$

$$\beta_j X_{it} = \{ \beta_1 lntrade_{it} + \beta_2 lnconsume_{it} + \beta_3 lnstudents_{it} + \beta_4 govern_{it} + \beta_5 market_{it} +$$
$$\beta_6 politic_{it} + \beta_7 secondary_{it} + \beta_8 center_{it} \} \tag{5-5}$$

其中，Y_{it} 为解释变量，此处为投资驱动效率（TE）。模型中各变量下角标对应的 i 表示样本中来自东北地区的 37 个不同的地市级行政单位（包括副省级城市）（1≤i≤37）；下角标 t 代表年份，时间跨度是2003—2019 年。公式（5-2）中 α_0 是常数项，α_k 和 w_h 以及 β_j 分别表示对核心解释变量、调节变量和各项控制变量的估计系数；μ_i 表示个体效应，δ_t 为时点效应，ε_{it} 表示均值为零、方差为常数的随机扰动项。公式（5-3）是解释变量集合。公式（5-4）是调节变量集合。公式（5-5）是控制变量集合。具体变量设定见表5-3。

5.2.2 东北振兴的投资治理赋能效应

本节基于模型5.2，暂不考虑调节变量，基于面板Tobit随机效应模型，对投资治理逻辑的效率优化效应进行逐步回归估计，并通过替换被解释变量为投资驱动技术效率（crste），给出稳健性检验。具体结果见表5-4。

表5-4　　**东北振兴的投资治理赋能效应（面板Tobit模型）**

Variable	综合效率 TE	综合效率 TE	综合效率 TE	技术效率 crste
invcd	−0.00271	0.00347	0.00304	0.00113
	(0.00173)	(0.00246)	(0.00248)	(0.00237)
fdiidx	−0.408***	−0.378***	−0.245	−0.285
	(0.111)	(0.110)	(0.195)	(0.193)
pinvoutput		0.00906***	0.00951***	0.00464*
		(0.00260)	(0.00264)	(0.00250)
innidx		−0.0497	−0.0637	−0.0437
		(0.0616)	(0.0627)	(0.0594)
HSR			−0.0111*	−0.00474
			(0.00623)	(0.00584)
openidx			−0.121	0.0256
			(0.130)	(0.140)

Variable	综合效率 TE	综合效率 TE	综合效率 TE	技术效率 crste
tradeidx	0.0179	0.0216*	0.0245*	0.0275**
	(0.0133)	(0.0131)	(0.0133)	(0.0130)
consumerate	−0.0194	−0.0366	−0.00470	−0.119
	(0.128)	(0.125)	(0.126)	(0.125)
lnstudents	0.00896	0.00680	0.00822	0.00646
	(0.00720)	(0.00686)	(0.00698)	(0.00654)
govern	−0.0319	0.0274	0.0155	−0.0272
	(0.0373)	(0.0449)	(0.0453)	(0.0450)
market	0.000133	0.000518	0.000967	0.00105
	(0.00109)	(0.00106)	(0.00111)	(0.00107)
politic	0.00233	0.00287	0.00209	0.000619
	(0.00435)	(0.00431)	(0.00431)	(0.00410)
secondary	0.0868***	0.0977***	0.0965***	0.0768***
	(0.0321)	(0.0309)	(0.0312)	(0.0292)
center	0.0631***	0.0581***	0.0623***	0.0400**
	(0.0203)	(0.0194)	(0.0200)	(0.0190)
sigma_u	0.0234***	0.0217***	0.0221***	0.0200***
	(0.00397)	(0.00362)	(0.00371)	(0.00384)
sigma_e	0.0324***	0.0319***	0.0317***	0.0277***
	(0.00167)	(0.00164)	(0.00163)	(0.00168)
Constant	0.968***	0.938***	0.907***	1.058***
	(0.119)	(0.117)	(0.119)	(0.118)
LR检验	随机效应	随机效应	随机效应	随机效应
Observations	629	629	629	629
Number of id	37	37	37	37

注：Robust standard errors in parentheses；***p<0.01，**p<0.05，*p<0.1。

　　从表5-4可知，仅有投资质量治理逻辑中的单位投资产出治理逻辑对投资驱动综合效率具有显著的赋能效应，每单位的单位投资产出可以贡献0.00951单位的投资驱动效率提升，并通过置信水平1%的显著性检验。另外，数量治理逻辑中的投资冲动治理逻辑对投资驱动效率也有赋能效应，但是不显著。通过替换被解释变量，估计对投资驱动技术效率（crste）的赋能效应，以做稳健性检验，结论保持稳健，仅在显著性水平上有差异。

　　需要注意的是，在综合效应估计中，区位治理逻辑中高铁开通治理逻辑对投资驱动效率有显著抑制效应，不过，在稳健性检验中复归不显著。在逐步回归估计中发现，投资质量治理逻辑和投资区位治理逻辑对投资数量治理具有向好调节效应，在加入投资质量治理逻辑后，投资冲动对投资效率由抑制改为促进，尽管不显著，而引资竞争的负效应也显著减少；继续加入投资区位治理逻辑后，引资竞争的抑制效应不再显著，抑制系数也进一步缩小。

　　整体来看，投资治理驱动对投资驱动效率的赋能效应还较为弱小，效应面还比较窄，仅集中在单位投资产出治理逻辑和投资冲动逻辑，投资冲动的赋能效应还需要进一步优化。在大部分投资治理维度下，投资治理对效率提升存在消极效应。投资治理逻辑与投资驱动效率的偏效应估计也验证了这个结论，详见表5-5。

表5-5　　**东北振兴的投资治理赋能效应（偏效应估计）**

	dy/dx	Std.Err.	z	P>z	[95% Conf.Interval]	
invcd	0.002	0.002	0.930	0.351	−0.002	0.006
fdiidx	−0.428	0.115	−3.730	0.000	−0.653	−0.203
pinvoutput	0.009	0.003	3.340	0.001	0.004	0.014
innidx	−0.107	0.055	−1.950	0.051	−0.215	0.001
HSR	−0.006	0.006	−1.06	0.287	−0.018	0.005
openidx	−0.141	0.138	−1.02	0.308	−0.411	0.130
tradeidx	0.020	0.011	1.760	0.078	−0.002	0.042

续表

	dy/dx	Std.Err.	z	P>z	[95% Conf.Interval]	
consumerate	−0.100	0.106	−0.940	0.345	−0.308	0.108
lnstudents	0.007	0.004	1.620	0.105	−0.001	0.016
govern	0.071	0.044	1.630	0.103	−0.014	0.157
market	0.000	0.001	0.010	0.995	−0.001	0.001
politic	0.001	0.005	0.180	0.856	−0.009	0.011
secondary	0.169	0.023	7.280	0.000	0.123	0.214
center	0.071	0.013	5.320	0.000	0.045	0.098

表5-6给出了分样本下投资治理对投资效率的效应估计，其中辽宁省和吉林省适用随机效应估计，黑龙江省和蒙东地区采用混合面板回归。在分样本估计中，辽宁省的数量治理逻辑和质量治理逻辑均能提升投资驱动效率，但不显著；吉林省仅有质量治理逻辑可以提升投资驱动效率，不过也不显著；黑龙江省的投资治理具有局部逻辑下的效率赋能效应，主要集中在单位投资产出治理逻辑的显著赋能效应和投资冲动治理逻辑的非显著赋能效应，不过黑龙江省也存在局部逻辑的显著负效应，主要集中在区域开放度治理逻辑和创新竞争的显著负效应，其余治理逻辑表现为非显著负效应；蒙东地区的投资质量治理逻辑对投资驱动效率改善表现出显著的全赋能效应，创新竞争的提升系数为0.531，单位投资产出的提升系数为0.0439，另外投资冲动和高铁开通存在非显著的赋能效应。

表5-6　　　　东北振兴的投资治理赋能效应（分样本估计）

Variable	辽宁省 TE	吉林省 TE	黑龙江省 TE	蒙东地区 TE
invcd	0.00170	−0.00361	0.00438	0.00479
	(0.00565)	(0.00563)	(0.00469)	(0.00961)
fdiidx	0.0891	−0.246	−0.169	−1.004
	(0.461)	(0.461)	(0.836)	(3.655)

Variable	辽宁省 TE	吉林省 TE	黑龙江省 TE	蒙东地区 TE
pinvoutput	0.00533	0.000188	0.0174***	0.0439*
	(0.00556)	(0.0122)	(0.00400)	(0.0237)
innidx	0.00768	0.0971	−0.175**	0.531**
	(0.146)	(0.197)	(0.0727)	(0.217)
HSR	−0.00526	−0.0178	−0.0184	0.165
	(0.00963)	(0.0156)	(0.0115)	(4.337)
openidx	−0.185	−0.0225	−0.933**	−3.756
	(0.236)	(0.508)	(0.467)	(2.672)
tradeidx	0.0429	0.0610	0.0524***	0.0830*
	(0.0500)	(0.214)	(0.0129)	(0.0448)
consumerate	−0.0936	−0.695	0.256	1.496**
	(0.182)	(0.627)	(0.166)	(0.666)
lnstudents	0.0373**	0.0217	−0.0124*	0.0936**
	(0.0183)	(0.0153)	(0.00750)	(0.0431)
govern	−0.0422	−0.0901	0.0474	0.00236
	(0.111)	(0.124)	(0.0613)	(0.198)
market	−0.00205	0.00488	0.00328**	−0.00552
	(0.00224)	(0.00350)	(0.00134)	(0.00456)
politic	0.00794	0.0106	0.00393	−0.0207**
	(0.00766)	(0.00990)	(0.00659)	(0.00965)
secondary	−0.0135	−0.184*	0.237***	0.233***
	(0.0750)	(0.104)	(0.0384)	(0.0631)
center	0.174	0.0145	0.104***	
	(6.468)	(0.0582)	(0.0214)	
sigma_u	0.0302***	0.0305***		
	(0.00844)	(0.0104)		

续表

Variable	辽宁省 TE	吉林省 TE	黑龙江省 TE	蒙东地区 TE
sigma_e	0.0293***	0.0318***		
	（0.00282）	（0.00352）		
var（e.TE）			0.000799***	0.000429***
			（0.000127）	（0.000126）
Constant	0.957***	1.634***	0.673***	−0.985
	（0.187）	（0.612）	（0.145）	（0.774）
LR检验	随机效应	随机效应	混合回归	混合回归
Observations	238	136	204	51
Number of id	14	8		

注：Robust standard errors in parentheses；***p<0.01，**p<0.05，*p<0.1；蒙东地区仅包含赤峰市、通辽市、呼伦贝尔市样本。

5.2.3 投资体制的赋能调节效应

在估计了投资治理驱动的赋能效应之后，本节引入投资体制作为调节变量，给出逐步不放回和逐步放回两种方法下的回归估计，详见表5-7和表5-8。

表5-7　　投资体制的赋能调节效应（逐步不放回估计）

Variable	财政分权 TE	财政包容度 TE	房地产依赖 TE	创新竞争 TE	投资强度 TE
invcd	0.00248	0.00205	0.00206	0.00219	0.000503
	（0.00250）	（0.00250）	（0.00250）	（0.00250）	（0.00256）
fdiidx	−0.282	−0.289	−0.294	−0.301	−0.321*
	（0.196）	（0.196）	（0.196）	（0.195）	（0.195）
pinvoutput	0.00930***	0.00914***	0.00918***	0.00680*	0.00953**
	（0.00264）	（0.00263）	（0.00263）	（0.00395）	（0.00407）

续表

Variable	财政分权 TE	财政包容度 TE	房地产依赖 TE	创新竞争 TE	投资强度 TE
innidx	−0.0675	−0.0593	−0.0589	−0.0956	−0.0581
	(0.0622)	(0.0621)	(0.0621)	(0.0772)	(0.0775)
HSR	−0.0110*	−0.0111*	−0.0113*	−0.0115*	−0.0144**
	(0.00622)	(0.00621)	(0.00622)	(0.00621)	(0.00628)
openidx	−0.127	−0.130	−0.131	−0.128	−0.142
	(0.129)	(0.129)	(0.129)	(0.128)	(0.128)
fiscalidx	−0.0440*	−0.0750**	−0.0771**	−0.0784**	−0.0508
	(0.0229)	(0.0313)	(0.0314)	(0.0314)	(0.0328)
fiscalfree		0.00441	0.00435	0.00427	0.00359
		(0.00299)	(0.00299)	(0.00298)	(0.00298)
estateidx			−0.00507	−0.00489	−0.00507
			(0.00677)	(0.00676)	(0.00673)
innrate				0.0899	0.0705
				(0.112)	(0.112)
invrate					0.0962***
					(0.0371)
tradeidx	0.0217	0.0200	0.0205	0.0192	0.0209
	(0.0133)	(0.0133)	(0.0133)	(0.0134)	(0.0133)
consumerate	0.0182	0.0373	0.0435	0.0336	−0.0273
	(0.126)	(0.127)	(0.127)	(0.127)	(0.128)
lnstudents	0.00646	0.00707	0.00708	0.00721	0.00455
	(0.00701)	(0.00699)	(0.00699)	(0.00697)	(0.00688)
govern	0.0321	0.00771	0.0119	−0.00630	−0.00890
	(0.0464)	(0.0490)	(0.0493)	(0.0539)	(0.0537)

续表

Variable	财政分权 TE	财政包容度 TE	房地产依赖 TE	创新竞争 TE	投资强度 TE
market	0.000573	0.000700	0.000695	0.000490	−0.00110
	(0.00112)	(0.00112)	(0.00112)	(0.00115)	(0.00129)
politic	0.00203	0.00179	0.00173	0.00132	0.00149
	(0.00431)	(0.00430)	(0.00429)	(0.00431)	(0.00430)
secondary	0.0769**	0.0838**	0.0827**	0.0822**	0.0466
	(0.0324)	(0.0327)	(0.0328)	(0.0327)	(0.0352)
center	0.0598***	0.0586***	0.0589***	0.0588***	0.0615***
	(0.0202)	(0.0202)	(0.0202)	(0.0201)	(0.0201)
Constant	0.934***	0.920***	0.916***	0.936***	0.868***
	(0.120)	(0.120)	(0.120)	(0.122)	(0.124)
Observations	629	629	629	629	629
Number of id	37	37	37	37	37

注：Robust standard errors in parentheses；***p<0.01，**p<0.05，*p<0.1。

表5-8　　　　**投资体制的赋能调节效应（逐步放回估计）**

Variable	财政分权 TE	财政包容度 TE	房地产依赖 TE	创新竞争 TE	投资强度 TE
invcd	0.00248	0.00304	0.00305	0.00316	0.000709
	(0.00250)	(0.00248)	(0.00248)	(0.00248)	(0.00254)
fdiidx	−0.282	−0.247	−0.247	−0.250	−0.295
	(0.196)	(0.195)	(0.195)	(0.195)	(0.194)
pinvoutput	0.00930***	0.00951***	0.00954***	0.00761*	0.0120***
	(0.00264)	(0.00264)	(0.00264)	(0.00394)	(0.00271)
innidx	−0.0675	−0.0649	−0.0631	−0.0926	−0.0309
	(0.0622)	(0.0629)	(0.0627)	(0.0772)	(0.0619)

续表

Variable	财政分权 TE	财政包容度 TE	房地产依赖 TE	创新竞争 TE	投资强度 TE
HSR	−0.0110*	−0.0111*	−0.0113*	−0.0113*	−0.0144**
	(0.00622)	(0.00623)	(0.00624)	(0.00622)	(0.00626)
openidx	−0.127	−0.122	−0.122	−0.119	−0.142
	(0.129)	(0.130)	(0.130)	(0.129)	(0.128)
fiscalidx	−0.0440*				
	(0.0229)				
fiscalfree		−0.000482			
		(0.00220)			
estateidx			−0.00339		
			(0.00673)		
innrate				0.0716	
				(0.112)	
invrate					0.112***
					(0.0348)
tradeidx	0.0217	0.0245*	0.0249*	0.0236*	0.0240*
	(0.0133)	(0.0133)	(0.0133)	(0.0133)	(0.0131)
consumerate	0.0182	−0.00500	−0.00130	−0.0127	−0.0613
	(0.126)	(0.126)	(0.127)	(0.127)	(0.126)
lnstudents	0.00646	0.00802	0.00831	0.00840	0.00419
	(0.00701)	(0.00704)	(0.00698)	(0.00697)	(0.00683)
govern	0.0321	0.0195	0.0173	0.000302	0.0139
	(0.0464)	(0.0488)	(0.0454)	(0.0509)	(0.0449)
market	0.000573	0.000923	0.000981	0.000819	−0.00116
	(0.00112)	(0.00112)	(0.00111)	(0.00113)	(0.00127)

续表

Variable	财政分权 TE	财政包容度 TE	房地产依赖 TE	创新竞争 TE	投资强度 TE
politic	0.00203	0.00212	0.00206	0.00176	0.00208
	(0.00431)	(0.00431)	(0.00431)	(0.00433)	(0.00429)
secondary	0.0769**	0.0943***	0.0965***	0.0969***	0.0456
	(0.0324)	(0.0328)	(0.0313)	(0.0312)	(0.0343)
center	0.0598***	0.0623***	0.0626***	0.0624***	0.0635***
	(0.0202)	(0.0200)	(0.0200)	(0.0199)	(0.0198)
Constant	0.934***	0.911***	0.903***	0.922***	0.846***
	(0.120)	(0.121)	(0.120)	(0.121)	(0.119)
Observations	629	629	629	629	629
Number of id	37	37	37	37	37

注：Robust standard errors in parentheses；*** p<0.01，** p<0.05，* p<0.1。

在不放回逐步回归估计中，本书发现投资体制对投资治理的赋能效应存在多元调节效应。具体来讲，在消极调节维度，投资体制降低了投资冲动的非显著正效应，扩大了高铁开通的显著负效应以及区域开放和引资竞争的非显著负效应，且使引资竞争负效应变得显著。在积极调节维度，投资体制扩大了单位投资产出的显著正效应，降低了创新竞争的非显著负效应。整体来说，投资体制对投资治理的调节效应主要集中在消极调节上，在大部分维度，投资体制会抑制投资治理赋能向好发展。

另外，投资体制内部产生自调节效应，财政包容度、房地产投资依赖度、区域创新投资水平三者逐步强化了财政分权对投资效率的显著负效应，但是区域投资强度使其缩小且变得不显著。房地产投资依赖度、区域创新投资水平、区域投资强度三者逐步降低了财政包容度的非显著正效应。

在逐步放回估计中，财政分权对投资效率呈现显著负效应，财政包容和房地产投资依赖也表现出非显著的负效应；区域投资强度表现出显著和强烈的正改善效应，区域创新投资水平也对投资效率有非显著提升效应。总的来说，投资体制对投资驱动效率同时存在局部改善和局部恶化效应，主要是改善效应，但是单个投资体制变量并没有带来投资治理逻辑上的质变调节效应。比较表5-7和表5-8可知，投资体制自身效应偏积极，但是对投资治理赋能效应的调节效应偏消极。

表5-9给出了投资驱动综合效率（TE）、投资驱动技术效率（crste）、投资驱动规模效率（vrste）下的投资体制自效应及调节效应估计。在综合效率维度和规模效率维度，投资体制使投资数量治理和投资区位治理的赋能效应变得更差，使投资质量治理的赋能效应整体变得更好；在技术效率维度，投资体制使整体投资治理赋能变得更差。

表5-9　　　　投资体制的赋能调节效应（效率分解）

Variable	综合效率 TE	综合效率 TE	技术效率 crste	技术效率 crste	规模效率 vrste	规模效率 vrste
invcd	0.00304	0.000503	0.00113	−0.000684	0.00302**	0.00166
	(0.00248)	(0.00256)	(0.00237)	(0.00242)	(0.00140)	(0.00146)
fdiidx	−0.245	−0.321*	−0.285	−0.330*	−0.0887	−0.113
	(0.195)	(0.195)	(0.193)	(0.189)	(0.109)	(0.109)
pinvoutput	0.00951***	0.00953**	0.00464*	0.00265	0.00765***	0.00941***
	(0.00264)	(0.00407)	(0.00250)	(0.00388)	(0.00150)	(0.00234)
innidx	−0.0637	−0.0581	−0.0437	−0.0666	−0.0683*	−0.0370
	(0.0627)	(0.0775)	(0.0594)	(0.0733)	(0.0356)	(0.0441)
HSR	−0.0111*	−0.0144**	−0.00474	−0.00721	−0.00922***	−0.0109***
	(0.00623)	(0.00628)	(0.00584)	(0.00586)	(0.00355)	(0.00360)
openidx	−0.121	−0.142	0.0256	−0.00490	−0.0991	−0.110
	(0.130)	(0.128)	(0.140)	(0.134)	(0.0720)	(0.0716)
fiscalidx		−0.0508		−0.0481		−0.0149
		(0.0328)		(0.0324)		(0.0185)

续表

Variable	综合效率 TE	综合效率 TE	技术效率 crste	技术效率 crste	规模效率 vrste	规模效率 vrste
fiscalfree		0.00359		0.00376		0.00222
		(0.00298)		(0.00294)		(0.00172)
estateidx		−0.00507		−0.00589		0.000620
		(0.00673)		(0.00592)		(0.00375)
innrate		0.0705		0.126		−0.0258
		(0.112)		(0.107)		(0.0634)
invrate		0.0962***		0.0733**		0.0534**
		(0.0371)		(0.0340)		(0.0211)
tradeidx	0.0245*	0.0209	0.0275**	0.0248*	0.00647	0.00570
	(0.0133)	(0.0133)	(0.0130)	(0.0130)	(0.00729)	(0.00739)
consumerate	−0.00470	−0.0273	−0.119	−0.149	0.0296	0.0156
	(0.126)	(0.128)	(0.125)	(0.127)	(0.0714)	(0.0727)
lnstudents	0.00822	0.00455	0.00646	0.00386	0.00353	0.00190
	(0.00698)	(0.00688)	(0.00654)	(0.00635)	(0.00391)	(0.00394)
govern	0.0155	−0.00890	−0.0272	−0.0588	0.0264	0.0178
	(0.0453)	(0.0537)	(0.0450)	(0.0534)	(0.0257)	(0.0309)
market	0.000967	−0.00110	0.00105	−0.000750	0.000841	−4.55e−05
	(0.00111)	(0.00129)	(0.00107)	(0.00120)	(0.000621)	(0.000736)
politic	0.00209	0.00149	0.000619	−0.000144	0.000538	0.000549
	(0.00431)	(0.00430)	(0.00410)	(0.00408)	(0.00242)	(0.00242)
secondary	0.0965***	0.0466	0.0768***	0.0391	0.0438**	0.0218
	(0.0312)	(0.0352)	(0.0292)	(0.0329)	(0.0178)	(0.0201)
center	0.0623***	0.0615***	0.0400**	0.0392**	0.0406***	0.0400***
	(0.0200)	(0.0201)	(0.0190)	(0.0189)	(0.0120)	(0.0121)

Variable	综合效率 TE	综合效率 TE	技术效率 crste	技术效率 crste	规模效率 vrste	规模效率 vrste
Constant	0.907***	0.868***	1.058***	1.051***	0.919***	0.877***
	(0.119)	(0.124)	(0.118)	(0.121)	(0.0673)	(0.0704)
Observations	629	629	629	629	629	629
Number of id	37	37	37	37	37	37

注：Robust standard errors in parentheses；***p<0.01，**p<0.05，*p<0.1。

表 5-10 给出了投资体制对投资驱动效率影响的分省份估计。与全样本效应相比，辽宁省的财政分权效应扭负为正，区域创新投资水平的贡献效应扩大且变得显著，区域投资强度的正效应不再显著；吉林省财政分权的负效应和财政包容度的正效应均变得显著，区域投资强度的正效应明显变大；黑龙江省区域创新投资水平的正效应变大且显著，但区域投资强度的显著正效应变为负效应不显著，蒙东地区的财政包容度由正变负，但是房地投资依赖度的效应由负转正，区域创新投资水平的正效应变大且显著，区域投资强度的正效应明显变大。总的来说，辽宁省和黑龙江省应当围绕投资强度进行投资体制治理优化，吉林省应主要优化财政分权治理，蒙东地区则要抑制财政包容度的负效应。

表5-10　　　　　　　　**投资体制的自效应异质性分析**

Variable	辽宁省 TE	吉林省 TE	黑龙江省 TE	蒙东地区 TE
invcd	−0.00576	−0.00163	0.00709	−0.0266**
	(0.00656)	(0.00576)	(0.00506)	(0.0120)
fdiidx	0.178	−0.266	−0.212	−1.037
	(0.462)	(0.411)	(0.862)	(3.900)
pinvoutput	−0.00933	−0.00834	0.00762	−0.100**
	(0.0107)	(0.0169)	(0.00603)	(0.0463)

续表

Variable	辽宁省 TE	吉林省 TE	黑龙江省 TE	蒙东地区 TE
innidx	−0.203	−0.496*	−0.363***	−0.578
	(0.186)	(0.276)	(0.118)	(0.440)
HSR	−0.00880	−0.0260*	−0.0147	0.220
	(0.00975)	(0.0145)	(0.0121)	(5.475)
openidx	−0.228	−0.0890	−0.953**	−4.184
	(0.232)	(0.450)	(0.472)	(3.070)
fiscalidx	0.0203	−0.554***	−0.0541	−0.251
	(0.0684)	(0.181)	(0.0594)	(0.726)
fiscalfree	0.00437	0.0222**	0.000294	−0.00334
	(0.0133)	(0.0105)	(0.00372)	(0.0455)
estateidx	−0.0765	−0.0499	−0.00337	0.0733
	(0.0532)	(0.127)	(0.00623)	(0.157)
innrate	0.533**	1.297	0.430**	3.869***
	(0.252)	(0.798)	(0.197)	(1.125)
invrate	0.0817	0.300***	−0.0420	0.447*
	(0.102)	(0.0624)	(0.0541)	(0.255)
tradeidx	0.0406	0.240	0.0425***	0.0594
	(0.0488)	(0.239)	(0.0146)	(0.0612)
consumerate	−0.128	0.602	0.283	2.421***
	(0.183)	(0.582)	(0.182)	(0.754)
lnstudents	0.0346*	−0.0106	−0.00787	0.0630
	(0.0178)	(0.0102)	(0.00785)	(0.0473)

续表

Variable	辽宁省 TE	吉林省 TE	黑龙江省 TE	蒙东地区 TE
govern	−0.297*	−0.156	0.0131	−1.007**
	(0.169)	(0.137)	(0.0685)	(0.422)
market	−0.00248	−0.00786***	0.00226	−0.0183***
	(0.00303)	(0.00251)	(0.00168)	(0.00608)
politic	0.00475	0.00512	0.00227	−0.0166*
	(0.00799)	(0.00990)	(0.00648)	(0.00862)
secondary	0.0286	−0.0521	0.253***	0.109*
	(0.0836)	(0.0980)	(0.0461)	(0.0611)
center	0.197	−0.0638	0.0902***	—
	(12.47)	(0.0465)	(0.0230)	—
Constant	0.948***	0.495	0.758***	−1.421
	(0.248)	(0.606)	(0.160)	(0.935)
LR检验	随机效应	混合回归	混合回归	混合回归
Observations	238	136	204	51
Number of id	14			

注：Robust standard errors in parentheses；***p<0.01，**p<0.05，*p<0.1；蒙东地区仅包含赤峰市、通辽市、呼伦贝尔市样本。

通过表 5-6 与表 5-10 的对比，本书发现，在分样本估计中，现有的投资体制使东北投资治理的大部分逻辑在提升投资驱动效率时变得更差。

5.3 投资体制的门限效应

从上一节可以发现，效率改善目标下，东北投资治理只存在局部逻辑下的显著正赋能，尽管东北现有投资体制本身不存在对效率提升的显著制约，但在整体上并没有强化投资治理，反而使其变得更差，要想实现投资体制对投资治理逻辑的积极调节效应，可能存在一定的条件限制，即可能存在有条件的调节效应，由此需要进一步考虑投资体制在投资治理赋能投资驱动效率过程中的门限效应。

根据 Hansen（1999）提出"门限回归"思路，本书在模型5.2基础上建立以下门限效应模型：

$$Y_{it} = \alpha_0 + \alpha_1 Z_{it}*I(T_{it} \leq \lambda_1) + \alpha_2 Z_{it}*I(\lambda_1 < T_{it} \leq \lambda_2) + \cdots +$$
$$\alpha_{n-1}Z_{it}*I(\lambda_{n-1} < T_{it} \leq \lambda_n) + \alpha_n Z_{it}*I(T_{it} > \lambda_n) + \beta_j X_{it} + \mu_i + \delta_t + \varepsilon_{it} \quad (5-6)$$

$$Z_{it} = \{ invcd_{it} + fdiidx_{it} + pinvoutput_{it} + innidx_{it} + HSR_{it} + openidx_{it}\} \quad (5-7)$$

$$T_{it} = \{ invrate_{it} + innrate_{it} + estateidx_{it} + fiscalidx_{it} + fiscalfree_{it}\} \quad (5-8)$$

$$\beta_j X_{it} = \{ \beta_1 lntrade_{it} + \beta_2 lnconsume_{it} + \beta_3 lnstudents_{it} + \beta_4 govern_{it} + \beta_5 market_{it} +$$
$$\beta_6 politic_{it} + \beta_7 secondary_{it} \} \quad (5-9)$$

其中 Y_{it} 为解释变量，此处为投资驱动效率（TE）。模型中各变量下角标对应的 i 表示样本中来自东北地区的 37 个不同的地市级行政单位（包括副省级城市）（1≤i≤37）；下角标 t 代表年份，时间跨度是 2003——2019 年。公式（5-6）中，α_0 是常数项，α_1、$\alpha_1 \cdots \alpha_{n-1}$、$\alpha_n$、$\beta_j$ 分别代表各变量回归系数，λ_1、$\lambda_2 \cdots \lambda_{n-1}$、$\lambda_n$ 代表 n 个不同门限值；μ_i 表示个体效应，δ_t 为时点效应，ε_{it} 表示均值为零、方差为常数的随机扰动项。公式（5-7）是解释变量集合，每次只选择一个放进模型。公式（5-8）是门限变量集合，每次只选择一个放进模型。公式（5-9）为控制变量集合。所有变量设定同5.2节。

5.3.1 区域投资强度的门限效应

表5-11给出了投资体制变量中区域投资强度的门限效应估计，并进行分样本估计，检验门限效应的异质性。

表5-11　　区域投资强度的门限效应（引资竞争）

Variable	东北地区 TE	辽宁省 TE	吉林省 TE	黑龙江省 TE
tradeidx	0.0171**	−0.00241	−0.0525	0.0124
	(0.00691)	(0.0150)	(0.0711)	(0.00769)

续表

Variable	东北地区 TE	辽宁省 TE	吉林省 TE	黑龙江省 TE
consumerate	−0.0393	−0.0576	−0.218	0.0452
	(0.0685)	(0.0795)	(0.274)	(0.127)
lnstudents	0.0180***	0.0282***	0.0256**	0.00562
	(0.00482)	(0.00834)	(0.0107)	(0.00743)
govern	−0.0527***	0.0190	−0.151***	−0.0465**
	(0.0169)	(0.0411)	(0.0522)	(0.0220)
market	−0.000683	−0.00203**	0.00146	−0.000773
	(0.000570)	(0.000817)	(0.00174)	(0.00101)
politic	0.000951	0.00249	0.00172	0.00188
	(0.00177)	(0.00237)	(0.00387)	(0.00314)
secondary	−0.0249*	−0.0237	−0.141***	−0.0185
	(0.0146)	(0.0232)	(0.0360)	(0.0281)
fdiidx*I (invrate≤λ_1)	−4.714***	−0.0173	43.70	−0.920***
	(1.300)	(0.0691)	(30.35)	(0.220)
fdiidx*I (λ_1<invrate≤λ_2)	−1.579***	−0.478**	−2.347***	−2.409***
	(0.308)	(0.186)	(0.891)	(0.623)
fdiidx*I (invrate>λ_2)	−0.127***	−0.0590	−0.136*	−0.247
	(0.0416)	(0.0498)	(0.0749)	(0.234)
Constant	0.976***	0.950***	1.170***	0.947***
	(0.0683)	(0.0849)	(0.263)	(0.129)
门限个数	双门限	无门限	无门限	双门限
门限值 λ_1	1.1867	—	—	1.4960
门限值 λ_2	1.3926	—	—	1.5049
Observations	629	238	136	204
R−squared	0.098	0.104	0.240	0.232
Number of id	37	14	8	12

注：Robust standard errors in parentheses；***p<0.01，**p<0.05，*p<0.1；未作蒙东地区分样本估计。

从表5-11可知，区域投资强度只对投资质量治理逻辑中的引资竞争存在门限效应，并且为双门限效应。当区域投资强度小于1.1867时，引资竞争对投资驱动效率的抑制系数为4.714，且通过1%置信水平的显著性检验；当区域投资强度为1.1867~1.3926区间时，引资竞争对投资驱动效率的抑制系数降为1.579，且通过1%置信水平的显著性检验；当区域投资强度大于1.3926时，引资竞争对投资驱动效率的抑制系数为0.127，且通过1%置信水平的显著性检验。总的来看，区域投资强度越高，引资竞争对投资驱动效率的负效应就会越小。区域投资强度的提升有利于引资竞争逻辑的整体改善。

分样本估计发现，辽宁省和吉林省不存在区域投资强度对引资竞争的门限效应，黑龙江省则存在双门限效应，不过与东北地区整体效应特征存在差异。当区域投资强度小于1.4960时，黑龙江省引资竞争对投资驱动效率的抑制系数为0.920，且通过1%置信水平的显著性检验；当区域投资强度为1.4960~1.5049区间时，黑龙江省引资竞争对投资驱动效率的抑制系数增长为2.409，且通过1%置信水平的显著性检验；当区域投资强度大于1.5049时，黑龙江省引资竞争对投资驱动效率的抑制系数为0.247，且趋于不显著。总的来看，黑龙江省的区域投资强度应优先保持在最高强度区间，次优解是停留在最低区间，以减少引资竞争对投资驱动效率的负效应。

5.3.2 区域创新投资水平的门限效应

表5-12给出了投资体制变量中区域创新投资水平对投资冲动的门限效应估计，并进行分样本估计，检验门限效应的异质性。

表5-12　**区域创新投资水平的门限效应（投资冲动）**

Variable	东北地区 TE	辽宁省 TE	吉林省 TE	黑龙江省 TE
tradeidx	0.00163	−0.00552	−0.0376	0.00400
	(0.00662)	(0.0151)	(0.0721)	(0.00781)
consumerate	−0.0256	−0.0852	−0.150	0.0654
	(0.0694)	(0.0779)	(0.274)	(0.132)

续表

Variable	东北地区 TE	辽宁省 TE	吉林省 TE	黑龙江省 TE
lnstudents	0.0144***	0.0238***	0.0266**	0.00484
	(0.00484)	(0.00834)	(0.0112)	(0.00774)
govern	−0.0538***	−0.0473	−0.167***	−0.0545**
	(0.0166)	(0.0402)	(0.0525)	(0.0236)
market	−0.000126	−0.00123	0.00158	−0.000594
	(0.000566)	(0.000813)	(0.00176)	(0.00107)
politic	0.000609	0.00191	0.00412	0.00284
	(0.00179)	(0.00233)	(0.00400)	(0.00328)
secondary	−0.00608	−0.0300	−0.144***	−0.0175
	(0.0154)	(0.0245)	(0.0365)	(0.0341)
Invcd*I (innate≤λ_1)	−0.00113	−0.000513	−0.00614**	−0.000844
	(0.000700)	(0.000951)	(0.00240)	(0.00166)
Invcd*I (innrate>λ_1)	0.0203***	0.0484***	−0.000423	0.0223***
	(0.00550)	(0.0130)	(0.00149)	(0.00731)
Constant	0.967***	1.002***	1.102***	0.927***
	(0.0692)	(0.0831)	(0.266)	(0.134)
门限个数	单门限	单门限	无门限	单门限
门限值λ_1	0.1758	0.1839	—	0.1764
Observations	629	238	136	204
R-squared	0.076	0.134	0.208	0.163
Number of id	37	14	8	12

注：Robust standard errors in parentheses；*** $p<0.01$，** $p<0.05$，* $p<0.1$；未作蒙东地区分样本估计。

从表5-12可知，区域创新投资水平对投资数量治理逻辑中的投资冲动存在单门限效应。当区域创新投资水平小于1.1758时，投资冲动对投资驱动效率为抑制效应，作用系数为-0.00113，但不显著；当区域创新投资水平大于1.1758时，投资冲动对投资驱动效率为促进效应，作用系数为0.0203，且通过1%置信水平的显著性检验。总的来看，当区域创新投资水平处于较低层次时，投资冲动对投资驱动效率的赋能效应趋于负向不显著；当区域创新投资水平处于较高层次时，投资冲动对投资驱动效率的赋能效应就转为正向显著。区域创新投资水平的提升有利于投资冲动逻辑的整体改善。

分样本估计发现，辽宁省和黑龙江省存在和东北地区一致的门限效应，只不过二者的门限值较高，改善效应更为明显，其中辽宁省区域创新投资水平对投资冲动的驱动效率改善效应最为明显。

表5-13给出了投资体制变量中区域创新投资水平对单位投资产出治理逻辑的门限效应估计，并进行分样本估计，检验门限效应的异质性。

表5-13　　区域创新投资水平的门限效应（单位投资产出）

Variable	东北地区 TE	辽宁省 TE	吉林省 TE	黑龙江省 TE
tradeidx	0.00354	−0.00473	−0.0384	0.00927
	(0.00645)	(0.0146)	(0.0724)	(0.00759)
consumerate	−0.0490	−0.0901	−0.145	0.0770
	(0.0685)	(0.0775)	(0.284)	(0.128)
lnstudents	0.0125***	0.0238***	0.0259**	0.00371
	(0.00478)	(0.00842)	(0.0107)	(0.00763)
govern	−0.0416**	−0.0473	−0.163***	−0.0494**
	(0.0170)	(0.0402)	(0.0527)	(0.0224)
market	0.000226	−0.00113	0.00165	0.000837
	(0.000562)	(0.000807)	(0.00174)	(0.00115)
politic	0.000727	0.00220	0.00420	0.00247
	(0.00176)	(0.00231)	(0.00400)	(0.00318)

Variable	东北地区 TE	辽宁省 TE	吉林省 TE	黑龙江省 TE
secondary	−0.00211	−0.0290	−0.143***	0.0190
	(0.0150)	(0.0232)	(0.0402)	(0.0321)
pinvoutput*I	0.00209**	0.000877	−0.0474***	0.00253
(innate≤λ_1)	(0.000831)	(0.00114)	(0.0179)	(0.00201)
pinvoutput*I	0.00628***	0.00666***	0.000542	0.00500***
(innrate>λ_1)	(0.00106)	(0.00158)	(0.00306)	(0.00142)
Constant	0.981***	1.001***	1.097***	0.882***
	(0.0682)	(0.0831)	(0.279)	(0.132)
门限个数	单门限	单门限	无门限	无门限
门限值λ_1	0.1762	0.1839	—	—
Observations	629	238	136	204
R-squared	0.099	0.144	0.208	0.199
Number of id	37	14	8	12

注：Robust standard errors in parentheses；***p<0.01，**p<0.05，*p<0.1；未作蒙东地区分样本估计。

从表5-13可知，区域创新投资水平对投资质量治理逻辑中的单位投资产出治理逻辑存在单门限效应。当区域创新投资水平小于1.1762时，单位投资产出治理逻辑对投资驱动效率为低赋能效应，作用系数为0.00209，且通过5%置信水平的显著性检验；当区域创新投资水平大于1.1762时，单位投资产出治理逻辑对投资驱动效率变为高赋能效应，作用系数0.00628，变为原来的3倍以上，且通过1%置信水平的显著性检验。总的来看，当区域创新投资水平从低层次向高层次突破后，单位投资产出治理逻辑对投资驱动效率的赋能效应提升3倍以上且更加显著。区域创新投资水平的提升有利于单位投资产出治理逻辑的赋能效应突变。

分样本估计发现，辽宁省存在和东北地区基本一致的门限效应，只不过其是从非显著的赋能效应突变为显著，且作用系数提升7倍以上。

表5-14给出了投资体制变量中区域创新投资水平对创新竞争治理逻辑的门限效应估计，并进行分样本估计，检验门限效应的异质性。

表5-14　　　**区域创新投资水平的门限效应（创新竞争）**

Variable	东北地区 TE	辽宁省 TE	吉林省 TE	黑龙江省 TE
tradeidx	0.00328	−0.00430	−0.0352	0.00860
	(0.00653)	(0.0148)	(0.0721)	(0.00779)
consumerate	−0.0252	−0.0807	−0.139	0.0680
	(0.0693)	(0.0773)	(0.275)	(0.133)
lnstudents	0.0129***	0.0227***	0.0263**	0.00382
	(0.00483)	(0.00813)	(0.0108)	(0.00776)
govern	−0.0456**	−0.0490	−0.159***	−0.0434*
	(0.0188)	(0.0402)	(0.0534)	(0.0258)
market	−4.38e−05	−0.00114	0.00155	0.000111
	(0.000564)	(0.000803)	(0.00175)	(0.00107)
politic	0.000971	0.00197	0.00478	0.00242
	(0.00179)	(0.00232)	(0.00417)	(0.00325)
secondary	−0.0156	−0.0355*	−0.149***	0.00267
	(0.0143)	(0.0215)	(0.0356)	(0.0318)
innidx*I （innate≤λ_1）	0.0250	−0.0152	−0.283**	0.0152
	(0.0290)	(0.0457)	(0.143)	(0.0438)
innidx*I （innrate>λ_1）	0.141***	0.186***	0.0401	0.0800*
	(0.0338)	(0.0630)	(0.0812)	(0.0423)
Constant	0.966***	1.005***	1.086***	0.905***
	(0.0689)	(0.0829)	(0.268)	(0.135)

续表

Variable	东北地区 TE	辽宁省 TE	吉林省 TE	黑龙江省 TE
门限个数	单门限	单门限	无门限	无门限
门限值 λ_1	0.1758	0.1839	—	—
Observations	629	238	136	204
R-squared	0.081	0.139	0.209	0.171
Number of id	37	14	8	12

注：Robust standard errors in parentheses；***p<0.01，**p<0.05，*p<0.1；未作蒙东地区分样本估计。

从表5-14可知，区域创新投资水平对投资质量治理逻辑中的创新竞争治理逻辑存在单门限效应。当区域创新投资水平小于1.1758时，创新竞争治理逻辑对投资驱动效率为弱赋能效应，作用系数为0.025，但不显著；当区域创新投资水平大于1.1758时，创新竞争治理逻辑对投资驱动效率转为强赋能效应，作用系数0.141，变为原来的5倍以上，且通过1%置信水平的显著性检验。总的来看，当区域创新投资水平从低层次向高层次突破后，创新竞争治理逻辑对投资驱动效率的赋能效应会发生效率突变且更为显著。分样本估计发现，辽宁省存在和东北地区基本一致的门限效应，只不过其是从非显著的抑制效应突变为显著的赋能效应，且区域创新投资水平处于高层次时其作用系数比东北整体更高。

表5-15给出了投资体制变量中区域创新投资水平对高铁开通治理逻辑的门限效应估计，并进行分样本估计，检验门限效应的异质性。

表5-15　　　　**区域创新投资水平的门限效应（高铁开通）**

Variable	东北地区 TE	辽宁省 TE	吉林省 TE	黑龙江省 TE
tradeidx	0.00507	−0.00421	−0.0414	0.00724
	(0.00660)	(0.0149)	(0.0726)	(0.00761)

续表

Variable	东北地区 TE	辽宁省 TE	吉林省 TE	黑龙江省 TE
consumerate	−0.0214	−0.0696	−0.142	0.0756
	（0.0704）	（0.0787）	（0.274）	（0.130）
lnstudents	0.0130***	0.0257***	0.0246**	0.00501
	（0.00489）	（0.00839）	（0.0110）	（0.00765）
govern	−0.0690***	−0.0394	−0.163***	−0.0616***
	（0.0172）	（0.0422）	（0.0521）	（0.0228）
market	0.000427	−0.00121	0.00179	7.76e−05
	（0.000616）	（0.000884）	（0.00177）	（0.00106）
politic	0.000661	0.00265	0.00403	0.00203
	（0.00181）	（0.00239）	（0.00400）	（0.00321）
secondary	−0.0254*	−0.0436*	−0.141***	−0.00331
	（0.0144）	（0.0233）	（0.0374）	（0.0311）
hsr1*I （innate≤λ_1）	−0.00495* （0.00271）	−0.00246 （0.00343）	−5.227*** （1.859）	−0.00342 （0.00546）
hsr1*I （innrate>λ_1）	0.0187** （0.00896）	0.0178** （0.00815）	−0.00288 （0.00641）	1.418*** （367.7）
Constant	0.972***	0.983***	1.099***	0.903***
	（0.0703）	（0.0844）	（0.264）	（0.132）
门限个数	单门限	单门限	无门限	单门限
门限值λ_1	0.1758	0.1758	—	0.1075
Observations	629	238	136	204
R−squared	0.059	0.101	0.209	0.185
Number of id	37	14	8	12

注：Robust standard errors in parentheses；*** p<0.01，** p<0.05，* p<0.1；未作蒙东地区分样本估计。

从表5-15可知，区域创新投资水平对投资区位治理逻辑中的高铁开通治理逻辑存在单门限效应。当区域创新投资水平小于1.1758时，高铁开通治理逻辑对投资驱动效率为抑制效应，作用系数为-0.00495，且通过10%置信水平的显著性检验；当区域创新投资水平大于1.1758时，高铁开通治理逻辑对投资驱动效率突变为赋能效应，作用系数0.0187，且通过5%置信水平的显著性检验。总的来看，当区域创新投资水平从低层次向高层次突破后，高铁开通治理逻辑对投资驱动效率的赋能效应会发生效率突变且更为显著。

分样本估计发现，辽宁省、黑龙江省存在和东北地区基本一致的门限效应，只不过其是从非显著的抑制效应突变为显著的赋能效应，且区域创新投资水平处于高层次时，黑龙江省高铁开通的作用系数比东北整体要高出75倍。

5.3.3 房地产投资依赖度的门限效应

表5-16给出了投资体制变量中房地产投资依赖度对引资竞争治理逻辑的门限效应估计，并进行分样本估计，检验门限效应的异质性。

表5-16 **房地产投资依赖度的门限效应（引资竞争）**

Variable	东北地区 TE	辽宁省 TE	吉林省 TE	黑龙江省 TE
tradeidx	0.00557	0.000829	-0.132	0.00716
	(0.00649)	(0.0152)	(0.0822)	(0.00769)
consumerate	-0.0768	-0.0815	-0.120	0.0958
	(0.0695)	(0.0802)	(0.275)	(0.131)
lnstudents	0.0145***	0.0289***	0.0258**	0.00478
	(0.00479)	(0.00839)	(0.0107)	(0.00768)
govern	-0.0393**	0.0232	-0.162***	-0.0583***
	(0.0170)	(0.0416)	(0.0529)	(0.0224)

续表

Variable	东北地区 TE	辽宁省 TE	吉林省 TE	黑龙江省 TE
market	−0.000157	−0.00213**	0.00172	−0.000286
	(0.000565)	(0.000822)	(0.00174)	(0.00103)
politic	0.000534	0.00264	0.00225	0.00260
	(0.00178)	(0.00239)	(0.00392)	(0.00324)
secondary	−0.0179	−0.0302	−0.132***	−0.0204
	(0.0145)	(0.0234)	(0.0364)	(0.0290)
fdiidx*I	−9.268***	−0.00428	−0.173**	−310.0
(estateidx≤λ_1)	(2.187)	(0.0695)	(0.0781)	(208.3)
fdiidx*I	−0.144***	−0.0823	0.190	−0.690***
(estateidx>λ_1)	(0.0418)	(0.0510)	(0.180)	(0.194)
Constant	1.016***	0.972***	1.075***	0.903***
	(0.0693)	(0.0850)	(0.265)	(0.134)
门限个数	单门限	无门限	无门限	单门限
门限值 λ_1	0.0135	—	—	0.0110
Observations	629	238	136	204
R−squared	0.088	0.084	0.205	0.174
Number of id	37	14	8	12

注：Robust standard errors in parentheses； ***p<0.01， **p<0.05， *p<0.1；未作蒙东地区分样本估计。

从表5−16可知，房地产投资依赖度对投资数量治理逻辑中的引资竞争治理逻辑存在单门限效应。当房地产投资依赖度小于0.0135时，引资竞争治理逻辑对投资驱动效率为抑制效应，作用系数为−9.268，且通过1%置信水平的显著性检验；当房地产投资依赖度大于0.0135时，引资竞争治理逻辑对投资驱动效率保持抑制效应，作用系数降为−0.144，并通过1%置信水平的显著性检验。总的来看，当房地产投资依赖度超过一定层次时，引资竞争治理逻辑对投资驱动效率的抑制效应会极大降低，降至原来作用系数的64倍以下。

分样本估计发现，黑龙江省房也存在地产投资依赖度对引资竞争治理逻辑的单门限效应，当房地产投资依赖度超过一定层次时，引资竞争治理逻辑对投资驱动效率的抑制效应会极大降低，降至原来作用系数的449倍以下，但是由不显著转向显著，治理抑制效应更加明显。

表5-17给出了投资体制变量中房地产投资依赖度对区域开放治理逻辑的门限效应估计，并进行分样本估计，检验门限效应的异质性。

表5-17　　　　　房地产投资依赖度的门限效应（区域开放）

Variable	东北地区 TE	辽宁省 TE	吉林省 TE	黑龙江省 TE
tradeidx	0.00691	0.000421	−0.137	0.0105
	(0.00657)	(0.0154)	(0.0872)	(0.00805)
consumerate	−0.0690	−0.0675	−0.109	0.0876
	(0.0698)	(0.0799)	(0.281)	(0.133)
lnstudents	0.0136***	0.0269***	0.0256**	0.00405
	(0.00482)	(0.00837)	(0.0108)	(0.00777)
govern	−0.0461***	0.00922	−0.165***	−0.0627***
	(0.0168)	(0.0405)	(0.0525)	(0.0228)
market	−0.000180	−0.00207**	0.00162	−0.00105
	(0.000573)	(0.000830)	(0.00176)	(0.00101)
politic	0.000566	0.00259	0.00246	0.00273
	(0.00179)	(0.00240)	(0.00393)	(0.00328)
secondary	−0.0260*	−0.0345	−0.128***	−0.0453
	(0.0143)	(0.0224)	(0.0366)	(0.0284)
openidx*I (estateidx≤λ_1)	−9.350***	−0.0210	−0.196**	−245.4
	(2.242)	(0.0271)	(0.0834)	(188.2)

续表

Variable	东北地区 TE	辽宁省 TE	吉林省 TE	黑龙江省 TE
openidx*I	−0.0603**	0.0947	0.0524	−0.293***
（estateidx>λ₁）	（0.0260）	（0.158）	（0.0869）	（0.101）
Constant	1.017***	0.971***	1.066***	0.930***
	（0.0697）	（0.0856）	（0.270）	（0.135）
门限个数	单门限	无门限	无门限	单门限
门限值 λ₁	0.0135	—	—	0.0110
Observations	629	238	136	204
R-squared	0.078	0.078	0.201	0.156
Number of id	37	14	8	12

注：Robust standard errors in parentheses；*** $p<0.01$，** $p<0.05$，* $p<0.1$；未作蒙东地区分样本估计。

从表5-17可知，房地产投资依赖度对投资区位治理逻辑中的区域开放治理逻辑存在单门限效应。当房地产投资依赖度小于0.0135时，区域开放治理逻辑对投资驱动效率为抑制效应，作用系数为−9.350，且通过1%置信水平的显著性检验；当房地产投资依赖度大于0.0135时，区域开放治理逻辑对投资驱动效率保持抑制效应，作用系数降为−0.0603，并通过1%置信水平的显著性检验。总的来看，当房地产投资依赖度超过一定层次时，区域开放治理逻辑对投资驱动效率的抑制效应会极大降低，降至原来作用系数的155倍以下，趋近于0。

分样本估计发现，黑龙江省房也存在地产投资依赖度对区域开放治理逻辑的单门限效应，当房地产投资依赖度超过一定层次时，区域开放治理逻辑对投资驱动效率的抑制效应会极大降低，降至原来作用系数的837倍以下，但是由不显著转向显著，治理抑制效应更加明显。

5.3.4 财政包容度的门限效应

表5-18给出了投资体制变量中财政包容度对引资竞争治理逻辑的门限效应估计，并进行分样本估计，检验门限效应的异质性。

表5-18　　　　　　　　财政包容度的门限效应（引资竞争）

Variable	东北地区 TE	辽宁省 TE	吉林省 TE	黑龙江省 TE
tradeidx	0.00511	0.000125	−0.0447	0.00932
	(0.00649)	(0.0150)	(0.0730)	(0.00759)
consumerate	−0.000215	−0.0750	−0.176	0.0482
	(0.0692)	(0.0794)	(0.274)	(0.129)
lnstudents	0.0143***	0.0230***	0.0254**	0.00388
	(0.00479)	(0.00853)	(0.0108)	(0.00756)
govern	−0.0456***	0.0117	−0.151***	−0.0322
	(0.0169)	(0.0413)	(0.0532)	(0.0241)
market	−0.000210	−0.00198**	0.00207	−0.000785
	(0.000565)	(0.000818)	(0.00175)	(0.00103)
politic	0.00110	0.00227	0.00205	0.00344
	(0.00178)	(0.00238)	(0.00395)	(0.00320)
secondary	−0.0110	−0.0384	−0.136***	−0.0221
	(0.0145)	(0.0236)	(0.0367)	(0.0285)
fdiidx*I (fiscalfree$\leqslant\lambda_1$)	−0.0291	−0.0489	−0.148*	−0.211
	(0.0489)	(0.0480)	(0.0771)	(0.248)
fdiidx*I (fiscalfree$>\lambda_1$)	−0.368***	−0.410**	−24.35	−1.072***
	(0.0688)	(0.176)	(16.28)	(0.242)
Constant	0.943***	0.998***	1.124***	0.949***
	(0.0689)	(0.0854)	(0.265)	(0.131)

续表

Variable	东北地区 TE	辽宁省 TE	吉林省 TE	黑龙江省 TE
门限个数	单门限	无门限	无门限	无门限
门限值 λ_1	2.5286	—	—	—
Observations	629	238	136	204
R-squared	0.089	0.097	0.193	0.198
Number of id	37	14	8	12

注: Robust standard errors in parentheses; ***p<0.01, **p<0.05, *p<0.1;未作蒙东地区分样本估计。

从表5-18可知,财政包容度对投资数量治理逻辑中的引资竞争治理逻辑存在单门限效应。当财政包容度水平小于2.5286时,引资竞争治理逻辑对投资驱动效率为抑制效应,作用系数为-0.0291,但不显著;当财政包容度大于2.5286时,引资竞争治理逻辑对投资驱动效率的抑制效应扩大,作用系数为-0.368,超出原有抑制效应11.6倍,并通过1%置信水平的显著性检验。总的来看,当财政包容度超过一定层次时,引资竞争治理逻辑对投资驱动效率的抑制效应会极大增加,并不利于其治理驱动。分样本估计显示无门限。

表5-19给出了投资体制变量中财政包容度对区域开放治理逻辑的门限效应估计,并进行分样本估计,检验门限效应的异质性。

表5-19　　　　**财政包容度的门限效应（区域开放）**

Variable	东北地区 TE	辽宁省 TE	吉林省 TE	黑龙江省 TE
tradeidx	0.00905	0.00185	−0.0521	0.0120
	(0.00660)	(0.0154)	(0.0744)	(0.00795)
consumerate	0.00194	−0.0666	−0.140	0.0332
	(0.0693)	(0.0798)	(0.279)	(0.131)
lnstudents	0.0118**	0.0239***	0.0262**	0.00488
	(0.00484)	(0.00882)	(0.0108)	(0.00768)

Variable	东北地区 TE	辽宁省 TE	吉林省 TE	黑龙江省 TE
govern	−0.0517***	0.0112	−0.155***	−0.0899***
	(0.0167)	(0.0405)	(0.0527)	(0.0248)
market	−0.000137	−0.00199**	0.00179	−0.000223
	(0.000572)	(0.000833)	(0.00176)	(0.00104)
politic	0.00114	0.00244	0.00204	0.00278
	(0.00178)	(0.00240)	(0.00394)	(0.00324)
secondary	−0.0178	−0.0405*	−0.129***	−0.0417
	(0.0142)	(0.0225)	(0.0366)	(0.0280)
openidx*I (fiscalfree≤λ_1)	−0.0102	−0.0181	0.0290	−0.247**
	(0.0280)	(0.0275)	(0.0819)	(0.101)
openidx*I (fiscalfree>λ_1)	−0.251***	−0.0843	−0.242**	5.830**
	(0.0528)	(0.0654)	(0.0998)	(2.413)
Constant	0.955***	0.985***	1.085***	0.971***
	(0.0690)	(0.0864)	(0.270)	(0.132)
门限个数	单门限	无门限	无门限	无门限
门限值λ_1	2.5286	—	—	—
Observations	629	238	136	204
R−squared	0.080	0.080	0.197	0.177
Number of id	37	14	8	12

注：Robust standard errors in parentheses；***p<0.01，**p<0.05，*p<0.1；未作蒙东地区分样本估计。

从表5-19可知，财政包容度对投资数量治理逻辑中的区域开放治理逻辑存在单门限效应。当财政包容度水平小于2.5286时，区域开放治理逻辑对投资驱动效率为抑制效应，作用系数为−0.0102，但不显著；当财政包容度大于2.5286时，区域开放治理逻辑对投资驱动效率的抑制效应扩大，作用系数为−0.251，超出原有抑制效应23.6倍，并通过1%置信水平的显著性检验。总的来看，当财政包容度超过一定层次时，区域开放治理逻辑对投资驱动效率的抑制效应会极大增加,并不利于其治理驱动。分样本估计显示无门限。

5.3.5 财政分权的门限效应

表5-20给出了投资体制变量中财政包容度对引资竞争治理逻辑的门限效应估计,并进行分样本估计,检验门限效应的异质性。

表5-20 　　　　　　　**财政分权的门限效应（引资竞争）**

Variable	东北地区 TE	辽宁省 TE	吉林省 TE	黑龙江省 TE
tradeidx	0.00511	0.000125	−0.0447	0.00932
	(0.00649)	(0.0150)	(0.0730)	(0.00759)
consumerate	−0.000215	−0.0750	−0.176	0.0482
	(0.0692)	(0.0794)	(0.274)	(0.129)
lnstudents	0.0143***	0.0230***	0.0254**	0.00388
	(0.00479)	(0.00853)	(0.0108)	(0.00756)
govern	−0.0456***	0.0117	−0.151***	−0.0322
	(0.0169)	(0.0413)	(0.0532)	(0.0241)
market	−0.000210	−0.00198**	0.00207	−0.000785
	(0.000565)	(0.000818)	(0.00175)	(0.00103)
politic	0.00110	0.00227	0.00205	0.00344
	(0.00178)	(0.00238)	(0.00395)	(0.00320)
secondary	−0.0110	−0.0384	−0.136***	−0.0221
	(0.0145)	(0.0236)	(0.0367)	(0.0285)
fdiidx*I (fiscalidx≤λ_1)	−0.0291	−0.0489	−0.148*	−0.211
	(0.0489)	(0.0480)	(0.0771)	(0.248)
fdiidx*I (fiscalidx>λ_1)	−0.368***	−0.410**	−24.35	−1.072***
	(0.0688)	(0.176)	(16.28)	(0.242)
Constant	0.943***	0.998***	1.124***	0.949***
	(0.0689)	(0.0854)	(0.265)	(0.131)

续表

Variable	东北地区 TE	辽宁省 TE	吉林省 TE	黑龙江省 TE
门限个数	单门限	无门限	无门限	无门限
门限值 λ_1	0.6045	—	—	—
Observations	629	238	136	204
R-squared	0.089	0.097	0.193	0.198
Number of id	37	14	8	12

注：Robust standard errors in parentheses；***p<0.01，**p<0.05，*p<0.1；未作蒙东地区分样本估计。

从表5-20可知，财政包容度对投资数量治理逻辑中的引资竞争治理逻辑存在单门限效应。当财政分权水平小于0.6045时，引资竞争治理逻辑对投资驱动效率为抑制效应，作用系数为-0.0291，但不显著；当财政包容度大于0.6045时，引资竞争治理逻辑对投资驱动效率的抑制效应扩大，作用系数为-0.368，超出原有抑制效应11.6倍，并通过1%置信水平的显著性检验。总的来看，当财政包容度超过一定层次时，引资竞争治理逻辑对投资驱动效率的抑制效应会极大增加，并不利于其治理驱动赋能。分样本估计显示无门限。

表5-21给出了投资体制变量中财政分权对区域开放治理逻辑的门限效应估计，并进行分样本估计，检验门限效应的异质性。

表5-21　　　　　　　　**财政分权的门限效应（区域开放）**

Variable	东北地区 TE	辽宁省 TE	吉林省 TE	黑龙江省 TE
tradeidx	0.00905	0.00185	-0.0535	0.0109
	(0.00660)	(0.0154)	(0.0743)	(0.00808)
consumerate	0.00194	-0.0666	-0.135	0.0684
	(0.0693)	(0.0798)	(0.278)	(0.133)
lnstudents	0.0118**	0.0239***	0.0264**	0.00356
	(0.00484)	(0.00882)	(0.0108)	(0.00781)

续表

Variable	东北地区 TE	辽宁省 TE	吉林省 TE	黑龙江省 TE
govern	-0.0517^{***}	0.0112	-0.155^{***}	-0.0635^{***}
	(0.0167)	(0.0405)	(0.0527)	(0.0233)
market	-0.000137	-0.00199^{**}	0.00175	-0.00100
	(0.000572)	(0.000833)	(0.00176)	(0.00102)
politic	0.00114	0.00244	0.00207	0.00285
	(0.00178)	(0.00240)	(0.00393)	(0.00329)
secondary	-0.0178	-0.0405^{*}	-0.129^{***}	-0.0463
	(0.0142)	(0.0225)	(0.0365)	(0.0285)
openidx*I	-0.0102	-0.0181	0.0330	-0.282^{***}
(fiscalidx$\leq\lambda_1$)	(0.0280)	(0.0275)	(0.0819)	(0.101)
openidx*I	-0.251^{***}	-0.0843	-0.247^{**}	-0.287
(fiscalidx$>\lambda_1$)	(0.0528)	(0.0654)	(0.0994)	(0.982)
Constant	0.955^{***}	0.985^{***}	1.080^{***}	0.949^{***}
	(0.0690)	(0.0864)	(0.269)	(0.135)
门限个数	单门限	无门限	无门限	无门限
门限值λ_1	0.6045	—	—	—
Observations	629	238	136	204
R-squared	0.080	0.080	0.200	0.148
Number of id	37	14	8	12

注：Robust standard errors in parentheses；***p<0.01，**p<0.05，*p<0.1；未作蒙东地区分样本估计。

从表5-21可知，财政分权对投资数量治理逻辑中的区域开放治理逻辑存在单门限效应。当财政分权水平小于0.6045时，区域开放治理逻辑对投资驱动效率为抑制效应，作用系数为-0.0102，但不显著；当财政分权大于0.6045时，区域开放治理逻辑对投资驱动效率的抑制效应扩大，作用系数为-0.251，超出原有抑制效应23.6倍，并通过1%置信水平的显著性检验。总的来看，当财政分权超过一定层次时，区域开放治理逻辑对投资驱动效率的抑制效应会极大增加，并不利于其治理驱动。分样本估计显示无门限。由此可以发现，财政包容度和财政分权的门限效应是完全一致的。

综合所有门限效应来看，区域投资强度、区域创新投资水平、房地产投资依赖度带来的治理逻辑门限效应都是趋好的、改善的，而财政包容度和财政分权的门限效应其实就是同一个门限效应，其带来的治理赋能门限效应是趋坏的、扩大消极效应的，因此要严格控制财政分权、财政包容度，使其处于较低层次。

5.4 本章小结

本章基于 DEA 方法，测度了东北投资驱动效率，并利用面板 Tobit 模型和门限效应模型，分别探讨了投资治理逻辑、投资体制对投资驱动效率的赋能效应、赋能调节效应，以及治理赋能的门限效应，研究发现：效率赋能目标下，东北投资治理只存在局部逻辑下的显著正向赋能，尽管东北现有投资体制本身不存在对效率提升的显著制约，但在整体上并没有强化投资治理驱动逻辑，反而使其变得更差；区域投资强度、区域创新投资水平、房地产投资依赖度等投资体制下存在优化东北投资治理影响投资驱动效率的门限效应。具体分为：

（1）整体来看，投资治理对投资驱动效率的赋能效应还较为弱小，效应面还比较窄，仅集中在单位投资产出治理逻辑和投资冲动逻辑，投资冲动的赋能效应还需要进一步优化。在大部分投资治理维度下，投资治理对效率提升存在消极效应。投资治理逻辑与投资驱动效率的偏效应估计也验证了这个结论。

（2）在综合效率维度和规模效率维度，投资体制使投资数量治理的赋能和投资区位治理的赋能变得更差，使投资质量治理的赋能整体变得更好；在技术效率维度，投资体制使整体投资治理赋能变得更差。在分省份估计中，现有的投资体制使东北投资治理的大部分逻辑在提升投资驱动效率时变得更差。

（3）投资体制对投资治理逻辑影响投资驱动效率存在多维门限效应。综合所有门限效应来看，区域投资强度、区域创新投资水平、房地产投资依赖度带来的治理逻辑门限效应都是趋好的、改善的，而财政包容度和财政分权的门限效应其实就是同一个门限效应，其带来的治理逻辑门限效应是趋坏的、扩大消极效应的，因此要严格控制财政分权、财政包容度，使其处于较低层次。

6 东北振兴投资治理的政企演化博弈分析

6.1 东北投资治理困境

企业资本作为东北基础建设（下称"基建"）投资治理的重要组成部分，无论是传统基建项目还是新型基建项目，企业资本都发挥了不可替代的作用。但是在东北进行基建项目投资治理的过程中，最初企业资本受地方政府投资治理模式的影响，倾向不参与基建项目投资。地方政府为了改变企业资本不参与项目投资的局面，在不同的基建项目投资治理中采取了不同的治理模式。在传统基建项目中，主要是由地方政府直接投资基建项目，这种治理模式，容易使投资治理陷入数量治理的陷阱，导致政府一元治理的局面，企业资本参与投资积极性不足，造成东北基建项目投资治理整体效率低下。为了破解传统基建治理模式中的困境，打破企业资本参与投资不足的局面，治理模式的转变是至关重要的。在新型基建项目中，地方政府可转变治理模式，更加注重综合治理逻辑，不再单纯注重数量治理，将治理的质量和结构放在首要位置，通过财政补贴、税收优惠等方式激励企业资本参与投资，有效提高企业资本参与投资的积极性，实现地方政府和企业的多元治理，提高东北投资治理整体效率。

由此可见，地方政府和企业资本在投资治理中存在着相互影响的特殊关系，地方政府可以通过改善治理模式引导企业资本参与投资，可以根据实施效果进行治理模式的转变或完善，企业资本可以根据地方政府的治理模式自主选择是否参与投资。在东北投资治理过程中，地方政府和企业资本都是有限理性群体，都会根据对方的决策进行自身决策的调整，这与演化博弈的内在逻辑具有较高的相似性。因此，本部分在前文的基础理论研究和现状分析的基础上，尝试利用演化博弈模型分析地方政府与企业资本在投资治理过程中决策行为的相互作用机理，分析地方政府的不同投资治理模式对企业资本参与投资决策行为的影响，为构建企业资本参与投资的地方政府投资治理模式提供依据。

6.2 投资治理博弈模型的构建

6.2.1 博弈模型基本假设

本书针对东北基建项目投资治理的参与主体，建立演化博弈模型，主要包括地方政府和企业资本。为了提高东北投资治理整体效率，提高企业资本参与东北投资治理的积极性，地方政府可以通过实施适当的治理模式对企业资本的投资治理进行干预和引导。考虑到资本的特性和行为规律，企业资本投资的主要影响因素是投资资本收益和投资项目的风险，因此政府可以采取适当的治理模式引导企业资本参与投资。地方政府能够根据治理效果进行评价，以采取相应的策略。在地方政府和企业资本的博弈中，地方政府和企业资本会根据对方的策略不断改善和调整自身的策略，而且双方都无法做到完全理性。基于此我们作出如下假设：

假设1：博弈参与双方包括地方政府和企业资本，并且博弈的双方都是有限理性主体。

假设2：为了简化模型，地方政府和企业资本双方均只有两种策略空间：地方政府 $G = \{G_1, G_2\} = \{$治理，不治理$\}$，企业资本 $E = \{E_1, E_2\} = \{$参与，不参与$\}$。

策略 G_1 是指地方政府为提高企业资本参与投资的积极性，通过制定各种政策干预或引导企业资本参与投资；

策略 G_2 是指地方政府在东北投资治理中对企业资本的投资行为不采取任何措施进行干预；

策略 E_1 是指企业资本通过投资的成本收益分析，参与投资；

策略 E_2 是指企业资本通过投资的成本收益分析，不参与投资。

假设3：假设起始阶段地方政府对于投资治理的积极性和企业资本参与的积极性均不高，博弈的初始状态是"地方政府不治理且企业资本不参与投资治理"，政府的理想目标是通过政府干预或政策引导，逐步实现"地方政府不治理且企业资本积极参与投资治理"，达到东北投资整体效率的提高。

假设4：假定地方政府选择 G_1 策略的概率是 $x(0 \leq x \leq 1)$，那么地方政府选择 G_2 策略的概率就是 $1 - x$；企业资本选择 E_1 策略的概率是 $y(0 \leq y \leq 1)$，那么选择 E_2 策略的概率就是 $1 - y$。

6.2.2 博弈模型基本结构

通过上述假设可知，地方政府和企业资本的博弈行为总共分为四种情况：地方政府选择治理，企业资本选择参与；地方政府选择治理，企业资本选择不参与；地方政府选择不治理，企业资本选择参与；地方政府选择不治理，企业资本选择不参与。地方政府主要是通过直接财政补贴、税收优惠、贷款优惠等手段对企业资本进行激励，旨在提高企业资本参与基建项目的积极性。

由此，提出地方政府与企业资本之间的要素博弈收益矩阵，如表6-1所示。

表6-1 　　　　　　 地方政府与企业资本之间的要素博弈收益矩阵

博弈双方		企业资本	
		参与	不参与
地方政府	治理	$B_1 + B_2 + B_3 - C_1 - \theta C_2 - \lambda R$, $I_1 + I_2 + \lambda R - S_1$	$B_1 + B_3 - C_1 - \theta C_2$, $I_3 - S_1 - F_1$
	不治理	$B_1 + B_2 - C_1 - L_1$, $I_1 + I_2 - S_1 - F_2$	$B_1 - C_1 - L_1$, $I_3 - S_1 - F_1 - F_2$

其中，B_1 是基本收益，地方政府投入基建项目的基础收益；B_2 是额外收益，企业资本参与基建项目投资时政府获得的额外收益，如提高政府业绩、改善投资环境进而促进地方经济发展等；B_3 是声誉收益，政府进行基建项目治理时政府公信力提升带来的收益；C_1 是基本成本（政府），地方政府直接投资参与基建项目的基础成本；C_2 是监管成本，地方政府对基建项目进行投资治理过程中的监管成本；θ 表示政府的监管程度，$\theta = 0$ 表示政府进行弱监管，$\theta = 1$ 表示政府进行强监管；R 是激励成本，地方政府引导企业资本参与基建项目的财政激励成本，如直接财政补贴、税收优惠、贷款优惠等；λ 表示激励程度，$\lambda = 0$ 表示政府进行弱干预，激励程度较低，$\lambda = 1$ 表示政府进行强干预，激励程度较高；L_1 是声誉损失，政府不进行基建项目投资治理导致的政府公信力下降。I_1 是基本收益，企业资本投入基建项目投资时的基础收益；I_2 是额外收益，企业资本进行基建项目投资时获得的额外收益，如减少运营成本，提升企业的社会声誉等带来的额外收益；I_3 是其他收益，企业资本不进行基建项目投资，参与其他商业项目投资获得的收益；S_1 是基本成本（企业），企业资本投入基建项目和其他商业项目的基础成本；F_1 是声誉损失，企业资本不进行基建项目投资导致的社会声誉下降；F_2 额外损失，政府不进行基建项目投资治理导致投资环境不良，企业资本进行投资的损失。在基建项目的博弈中，由于项目的投资大、回报周期长等特点，企业资本必然会选择收益更高的一般商业项目，导致地方政府无法实现预期的社会效益，故而政府会对其进行必要的激励措施，使企业资本积极参与到基建项目的投资中，实现社会效益的最大化。为了实

现基建项目的良性发展，本书将通过地方政府和企业资本的行为进行演化博弈分析，实现均衡策略。

6.3　博弈分析：博弈模型均衡解分析

地方政府和企业资本均为有限理性的行为主体，单次博弈无法使其实现纳什均衡，需要通过多次博弈实现纳什均衡，多次博弈是动态调整的过程。因此，本书从演化博弈的角度出发对博弈模型的均衡解进行分析，从而实现基建项目的良性发展，以下是对地方政府和企业资本的收益分析。

6.3.1　参与主体收益分析

地方政府选择"治理""不治理"策略获得的期望收益分别是 U_{G_1} 和 U_{G_2}，平均期望收益是 U_G，其计算公式如下：

$$U_{G_1} = y\left(B_1 + B_2 + B_3 - C_1 - \theta C_2 - \lambda R\right) + (1 - y)\left(B_1 + B_3 - C_1 - \lambda C_2\right) \tag{6-1}$$

$$U_{G_2} = y\left(B_1 + B_2 - C_1 - L_1\right) + (1 - y)\left(B_1 - C_1 - L_1\right) \tag{6-2}$$

$$U_G = xU_{G_1} + (1 - x)U_{G_2} \tag{6-3}$$

企业资本选择"参与""不参与"策略获得的期望收益分别是 U_{E_1} 和 U_{E_2}，平均期望收益是 U_E，其计算公式如下：

$$U_{E_1} = x\left(I_1 + I_2 + \lambda R - S_1\right) + (1 - x)\left(I_3 - S_1 - F_1\right) \tag{6-4}$$

$$U_{E_2} = x\left(I_1 + I_2 - S_1 - F_2\right) + (1 - x)\left(I_3 - S_1 - F_1 - F_2\right) \tag{6-5}$$

$$U_E = yU_{E_1} + (1 - y)U_{E_2} \tag{6-6}$$

6.3.2　复制动态方程分析

复制动态方程能够更好地描述一种策略在演化博弈过程中被采用的次数，通过构建复制动态方程，能够更好地探索地方政府和企业资本在演化博弈中的规律。当地方政府或企业资本采取某种策略的收益高于平均收益时，在演化博弈中地方政府或企业资本采取这种策略的概率就会上升，反之则会下降。由此得出地方政府选择"治理"策略的复制动态方程为：

$$F(x) = \frac{dx}{dt} = x(U_{G_1} - U_G) = x(1 - x)(U_{G_1} - U_{G_2}) \tag{6-7}$$

将公式6-1和公式6-2代入公式6-7中得到：

$$F(x) = x(1 - x)(B_3 + L_1 - \theta C_2 - y\lambda R) \tag{6-8}$$

对于地方政府来说，当选择"治理"策略的收益高于平均收益，即 $F(x) > 0$ 时，地方政府选择"治理"的概率会不断上升，导致市场无法实现均衡。要使地方政府选择的策略达到稳定状态，必须使地方政府选择"治理"策略的概率保持不变，即 $F(x) = 0$，得到均衡解 $y_0 = (B_3 + L_1 - \theta C_2)/\lambda R$。即无论x的取值为多少，当 $y = y_0 = (B_3 + L_1 - \theta C_2)/\lambda R$ 时，都有 $F(x) = 0$，此时地方政府选择"治理"策略的概率是 $y_0 = (B_3 + L_1 - \theta C_2)/\lambda R$，地方政府采取各种策略的概率是稳定的，地方政府选择"治理"和"不治理"的策略在基建项目中的收益是相同的，地方政府选择哪种策略的结果并无差异。

当 $y \neq y_0$ 时，x有两个稳定点，即 $x^* = 0$ 和 $x^* = 1$。当 $y > y_0$ 时，$U_{G_1} - U_G > 0$，这时 $x^* = 1$ 是地方政府唯一的演化稳定策略。地方政府通过各种方式支持企业资本参与基建项目，政府使用"治理"策略与企业资本选择"参与"策略形成了良好的互动，在这个过程中实现帕累托最优状态。当 $y < y_0$ 时，$U_{G_1} - U_G < 0$，企业资本不参与基建项目，地方政府会减少对企业资本的激励行为，采取"不治理"策略，选择"治理"策略的概率不断趋向0。

企业资本作为基建项目的另一个参与主体，选择"投机行为"策略的动态方程为：

$$F(y) = \frac{dy}{dt} = y(U_{E_1} - U_E) = y(1 - y)(U_{E_1} - U_{E_2}) \tag{6-9}$$

将公式6-4和公式6-5代入公式6-9中得到：

$$F(y) = y(1 - y)(x\lambda R + F_2) \tag{6-10}$$

对于企业资本来说，当选择"参与"策略的收益高于平均收益，即 $F(y) > 0$ 时，企业资本选择"参与"的概率会不断上升，导致市场无法实现均衡。要使企业资本选择的策略达到稳定状态，必须使企业资本选

择 "参与" 策略的概率保持不变，即 $F(y) = 0$，得到均衡解 $x_0 = -F_2/\lambda R$。即无论 y 的取值为多少，当 $x = x_0 = -F_2/\lambda R$ 时，都有 $F(y) = 0$，此时企业资本选择 "参与" 策略的概率是 $x_0 = -F_2/\lambda R$，企业资本采取各种策略的概率是稳定的，企业资本选择 "参与" 和 "不参与" 的策略在基建项目中的收益是相同的，企业资本选择哪种策略的结果并无差异。

当 $x \neq x_0$ 时，y 有两个稳定点，即 $y^* = 0$ 和 $y^* = 1$。当 $x < x_0$ 时，$U_{E_1} - U_E < 0$，$y^* = 0$ 是企业资本唯一的稳定演化策略，即当地方政府采取 "治理" 的比例相对较小时，其激励远不能达到吸引企业资本参与基建项目的程度，使得企业资本参与基建项目的积极性降低，采取 "参与" 策略的概率最终会趋向于 0，转向为 "不参与" 策略。当 $x > x_0$ 时，$U_{E_1} - U_E > 0$，这时 $y^* = 1$ 是企业资本唯一的演化稳定策略。即企业资本积极参与基建项目，与地方政府选择 "治理" 策略形成了良好的合作，在此过程中会逐渐形成帕累托最优状态。

6.3.3 均衡点分析

从以上分析，根据复制动态方程 $F(x) = 0$ 和 $F(y) = 0$ 能够得出在二维平面上的 5 个均衡点 $E_1(0, 0)$，$E_2(0, 1)$，$E_3(1, 0)$，$E_4(1, 1)$ 和 $E_5(x_0, y_0)$，如图 6-1 所示（E_5 点不确定，不予标示）。

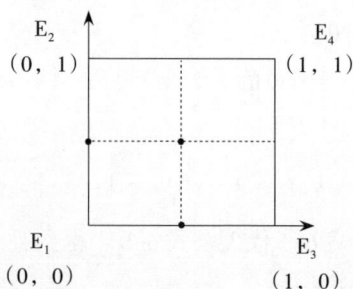

图6-1 演化博弈区间及均衡点分布图

下面分别对 5 个均衡点进行分析：

均衡点 $E_1(0, 0)$：表示地方政府选择 "不治理" 策略，企业资本选择"不参与"策略。即地方政府通过对自身成本收益进行分析，选择了"不治理"策略——在基建项目中并未向企业资本提供激励和支持；而此时企业资本为了在一般商业项目中获得更高的收益，选择了"不参与"策略。

均衡点 $E_2(0, 1)$：表示地方政府选择"不治理"策略，企业资本选择"参与"策略。即地方政府出于对激励成本和监管成本的考虑，选择了"不治理"策略；企业资本此时选择"参与"策略，以提高企业声誉，由此为企业资本提供更多的投资机会，实现收益增长。

均衡点 $E_3(1, 0)$：表示地方政府选择"治理"策略，企业资本选择"不参与"策略。地方政府为了提高政府的业绩和公信力，通过直接财政补贴、税收优惠、贷款优惠等手段对企业资本进行激励，选择了"治理"策略；而一般商业项目的收益高、投资回报周期短的特点，会在一定程度上对企业资本形成吸引力，此时企业资本会选择"不参与"策略。

均衡点 $E_4(1, 1)$：表示地方政府选择"治理"策略，企业资本选择"参与"策略。地方政府为了营造更好的投资环境，促进地方经济发展，通过各种激励措施对企业资本进行支持，选择了"治理"策略；此时企业资本选择"参与"策略，不仅能够得到地方政府对在基建项目中对企业资本的支持，还能够获得企业声誉提高所带来的其他收益。

均衡点 $E_5(x_0, y_0)$：是鞍点，即地方政府和企业资本在选择策略的过程中会有不确定性，需要通过长时间的多次博弈才能实现最终的稳定策略。

6.3.4 均衡点稳定性分析

通过雅可比矩阵的局部稳定性分析，能够有效分析演化系统的均衡状态。通过对地方政府和企业资本的复制动态方程即公式（6-8）和公式（6-10）分别求偏导，可以得到演化系统的雅可比矩阵为：

$$J = \begin{bmatrix} \dfrac{\partial F(x)}{\partial x} & \dfrac{\partial F(x)}{\partial y} \\[2mm] \dfrac{\partial F(x)}{\partial y} & \dfrac{\partial F(x)}{\partial y} \end{bmatrix} \tag{6-11}$$

其中，$\dfrac{\partial F(x)}{\partial x} = (1 - 2x)(B_3 + L_1 - \theta C_2 - y\lambda R)$

$$\frac{\partial F(x)}{\partial y} = x(x - 1)\lambda R$$

$$\frac{\partial F(y)}{\partial x} = y(1 - y)\lambda R$$

$$\frac{\partial F(y)}{\partial y} = (1 - 2y)(x\lambda R + F_2)$$

将以上4个表达式代入公式6.11，即获得雅可比矩阵：

$$J = \begin{bmatrix} (1 - 2x)(B_3 + L_1 - \theta C_2 - y\lambda R) & x(x - 1)\lambda R \\ y(1 - y)\lambda R & (1 - 2y)(x\lambda R + F_2) \end{bmatrix} \tag{6-12}$$

将雅可比矩阵 J 的行列式记为 $\mathrm{Det}(J)$，矩阵 J 的轨迹记为 $\mathrm{Tr}(J)$，由以上能够得出：

$$\mathrm{Det}(J) = \frac{\partial F(x)}{\partial x} \times \frac{\partial F(y)}{\partial y} - \frac{\partial F(y)}{\partial x} \times \frac{\partial F(x)}{\partial y}$$

$$= (1 - 2x)(B_3 + L_1 - \theta C_2 - y\lambda R) \times (1 - 2y)(x\lambda R + F_2) -$$

$$y(1 - y)\lambda R \times x(x - 1)\lambda R \tag{6-13}$$

$$\mathrm{Tr}(J) = \frac{\partial F(x)}{\partial x} + \frac{\partial F(y)}{\partial y}$$

$$= (1 - 2x)(B_3 + L_1 - \theta C_2 - y\lambda R) + (1 - 2y)(x\lambda R + F_2) \tag{6-14}$$

根据雅可比矩阵的局部稳定性分析方式，本书根据5个均衡点各自的雅可比矩阵 $\mathrm{Det}(J)$ 和 $\mathrm{Tr}(J)$ 判断每个均衡点是否在稳定状态。当 $\mathrm{Det}(J) > 0$ 且 $\mathrm{Tr}(J) < 0$ 为时，该均衡点为系统所对应的稳定状态，演化方向不断趋近于该均衡点。通过计算能够得出上述5个均衡点各自的 $\mathrm{Det}(J)$ 和 $\mathrm{Tr}(J)$，由表6-2可知 $\mathrm{Det}(J)$ 和 $\mathrm{Tr}(J)$ 的符号与不同治理方式下各参数的取值有关，为了系统分析不同均衡点的局部稳定性，需要根据不同的治理方式确定基建项目中 $\mathrm{Det}(J)$ 和 $\mathrm{Tr}(J)$ 的符号，根据不同的治理方式可以分为以下4种情形。

（1）分析在传统基建项目中政府采取不同的治理方式对 $\mathrm{Det}(J)$ 和 $\mathrm{Tr}(J)$ 符号的影响

在传统基建项目中，地方政府一般会采取直接投资的方式参与项目，用于激励的财政支出较少，在这种情况下 λ 取值趋向于0，此时政府的激励成本 λR 取值较小。在传统基建项目中，地方政府可以采取

"弱监管"和"强监管"的监管方式，不同的监管方式下政府的监管成本不同。

表6-2　　　　　　**基建项目演化均衡点的Det(J)和Tr(J)**

均衡点	Det(J)	Tr(J)
$E_1(0,0)$	$(B_3 + L_1 - \theta C_2) \times F_2$	$(B_3 + L_1 - \theta C_2) + F_2$
$E_2(0,1)$	$-(B_3 + L_1 - \theta C_2 - \lambda R) \times F_2$	$(B_3 + L_1 - \theta C_2 - \lambda R) - F_2$
$E_3(1,0)$	$-(B_3 + L_1 - \theta C_2) \times (\lambda R + F_2)$	$-(B_3 + L_1 - \theta C_2) + (\lambda R + F_2)$
$E_4(1,1)$	$(B_3 + L_1 - \theta C_2 - \lambda R) \times (\lambda R + F_2)$	$-(B_3 + L_1 - \theta C_2) - F_2$
$E_5(x_0, y_0)$	$(B_3 + L_1 - \theta C_2)\left(\dfrac{B_3 + L_1 - \theta C_2}{\lambda R} - 1\right) \times F_2\left(\dfrac{F_2}{\lambda R} + 1\right)$	0

情形1：政府采取"弱监管"的监管方式，此时θ取值趋向于0，政府的监管成本θC_2较小。在这种情况下，地方政府和企业资本进行博弈时会有$E_1(0,0)$、$E_2(0,1)$、$E_3(1,0)$、$E_4(1,1)$这4个均衡点。其中$E_4(1,1)$是演化博弈的稳定点，$E_2(0,1)$和$E_3(1,0)$是演化博弈的鞍点，$E_1(0,0)$是演化博弈的不稳定点。在这种情况下，地方政府和企业资本均衡点的稳定性分析、行为演化路径如表6-3和图6-2所示。

演化博弈的最终稳定策略是$E_4(1,1)$，即地方政府选择"治理"策略，企业资本选择"参与"策略。对于地方政府而言，采取"弱监管"的监管方式，利用较小的监管成本和激励成本能够为政府带来较大的社会效益，包括提高业绩、改善投资环境等，因此"治理"策略是地方政府的最佳选择。在政府选择"治理"策略时，"弱监管"的监管方式能够减少企业运营过程中的不必要成本，由此带来的项目收益以及声誉提供所带来的额外收益，促使企业资本倾向于选择"参与"策略，因此系统最终演化稳定策略是{治理，参与}。

表6-3 情形1时均衡点的稳定性分析

均衡点	Det(J)符号	Tr(J)符号	稳定性结果
$E_1(0, 0)$	+	+	不稳定点
$E_2(0, 1)$	−	±	鞍点
$E_3(1, 0)$	−	±	鞍点
$E_4(1, 1)$	+	−	稳定点

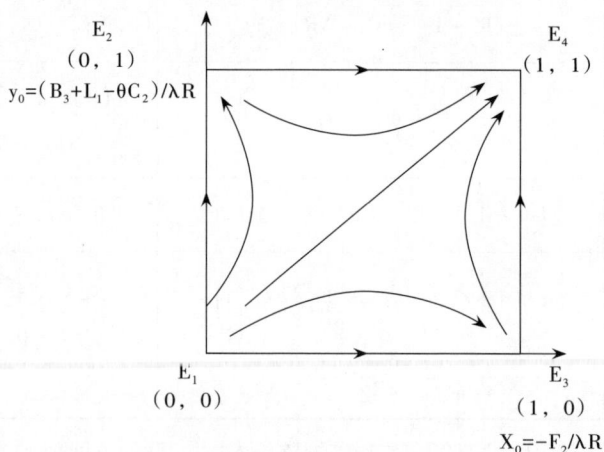

图6-2 情形1时地方政府和企业资本行为演化路径

情形2：政府采取"强监管"的监管方式，此时θ取值趋向于1，政府的监管成本θC_2较高。在这种情况下，地方政府和企业资本进行博弈时会有$E_1(0, 0)$、$E_2(0, 1)$、$E_3(1, 0)$、$E_4(1, 1)$这4个均衡点。其中$E_2(0, 1)$是演化博弈的稳定点，$E_1(0, 0)$和$E_4(1, 1)$是演化博弈的鞍点，$E_3(1, 0)$是演化博弈的不稳定点。在这种情况下，地方政府和企业资本均衡点的稳定性分析、行为演化路径如表6-4和图6-3所示。

表6-4 情形2时均衡点的稳定性分析

均衡点	Det(J)符号	Tr(J)符号	稳定性结果
$E_1(0, 0)$	−	±	鞍点
$E_2(0, 1)$	+	−	稳定点
$E_3(1, 0)$	+	+	不稳定点
$E_4(1, 1)$	±	±	鞍点

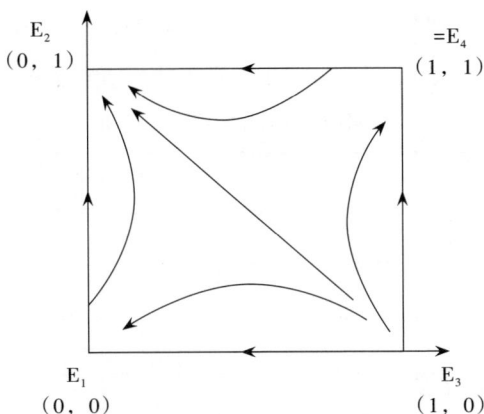

图6-3 情形2时地方政府和企业资本行为演化路径

演化博弈的最终稳定策略是$E_2(0, 1)$，即地方政府选择"不治理"策略，企业资本选择"参与"策略。对于地方政府而言，采取"强监管"的监管方式，地方政府需要付出较高的监管成本，但是在"强监管"监管方式，政府所能收获的声誉收益并不能弥补其监管成本，因此"不治理"策略是地方政府的最佳选择。在政府选择"不治理"策略时，虽然企业资本无法获得政府的财政激励，但是地方政府选择"不治理"策略时，企业资本不仅能够在项目中占有较大的话语权，还能够减少各种运营成本，促使企业资本倾向于选择"参与"策略，因此系统最终演化稳定策略是{不治理，参与}。

（2）分析在新型基建项目中政府采取不同的治理方式对$\mathrm{Det}(J)$和$\mathrm{Tr}(J)$符号的影响

在新型基建项目中，地方政府用于激励的财政支出较多，即实施"强干预"的激励方式，在这种情况下λ取值趋向于1，此时政府的激励成本λR取值较大。在新型基建项目中，地方政府也可以采取"弱监管"和"强监管"的监管方式，不同的监管方式下政府的监管成本不同。

情形3：政府采取"弱监管"的监管方式，此时θ取值趋向于0，政府的监管成本θC_2较小。在这种情况下，地方政府和企业资本进行博弈时会有$E_1(0, 0)$、$E_2(0, 1)$、$E_3(1, 0)$、$E_4(1, 1)$这4个均衡点。其中$E_2(0, 1)$是演化博弈的稳定点，$E_3(1, 0)$是演化博弈的鞍点，$E_1(0, 0)$

和$E_4(1, 1)$是演化博弈的不稳定点。在这种情况下，地方政府和企业资本均衡点的稳定性分析、行为演化路径如表6-5和图6-4所示。

表6-5 情形3时均衡点的稳定性分析

均衡点	Det(J)符号	Tr(J)符号	稳定性结果
$E_1(0, 0)$	+	+	不稳定点
$E_2(0, 1)$	+	−	稳定点
$E_3(1, 0)$	−	±	鞍点
$E_4(1, 1)$	−	−	不稳定点

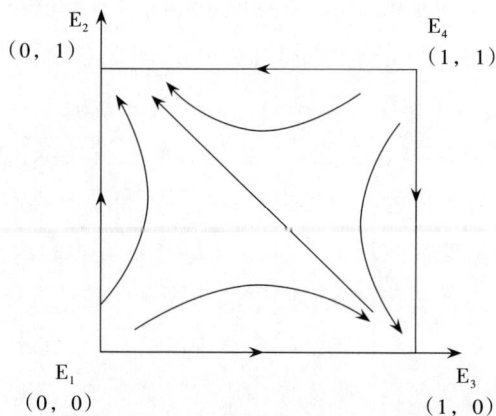

图6-4 情形3时地方政府和企业资本行为演化路径

演化博弈的最终稳定策略是$E_2(0, 1)$，即地方政府选择"不治理"策略，企业资本选择"参与"策略。对于地方政府而言，采取"弱监管"的监管方式，新型基建项目中地方政府将更多的财政支出用于激励企业资本，而非直接投资新型基建项目，地方政府能够获得的声誉效益较低，通过成本收益分析，地方政府更倾向于选择"不治理"策略。而当地方政府选择"弱监管"的监管方式时，企业资本选择"参与"新型基建项目所带来的声誉转化价值能够大于选择一般商业项目与新型基建项目的差值，因此系统最终演化稳定策略是{不治理，参与}。

情形4：政府采取"强监管"的监管方式，此时θ取值趋向于1，政府的监管成本$θC_2$较高。在这种情况下，地方政府和企业资本进行博弈

时会有 $E_1(0, 0)$、$E_2(0, 1)$、$E_3(1, 0)$、$E_4(1, 1)$ 这 4 个均衡点。其中 $E_2(0, 1)$ 是演化博弈的稳定点，$E_1(0, 0)$ 和 $E_4(1, 1)$ 是演化博弈的鞍点，$E_3(1, 0)$ 是演化博弈的不稳定点。在这种情况下，地方政府和企业资本均衡点的稳定性分析、行为演化路径如表6-6和图6-5所示。

表6-6 情形4均衡点的稳定性分析

均衡点	Det(J)符号	Tr(J)符号	稳定性结果
$E_1(0, 0)$	−	±	鞍点
$E_2(0, 1)$	+	−	稳定点
$E_3(1, 0)$	+	+	不稳定点
$E_4(1, 1)$	−	±	鞍点

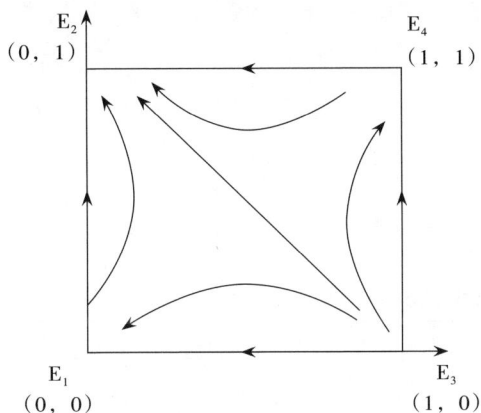

图6-5 情形4时地方政府和企业资本行为演化路径

演化博弈的最终稳定策略是 $E_2(0, 1)$，即地方政府选择"不治理"策略，企业资本选择"参与"策略。对于地方政府而言，采取"强监管"的监管方式，地方政府需要付出较高的监管成本，而且"强干预"激励方式下，地方政府还需要付出较高的激励成本，基于成本收益的比较，地方政府更倾向于选择"不治理"策略。在地方政府选择"不治理"策略时，企业资本不仅能够获得参与项目的额外收益，还能够减少运营成本，这会促使企业资本倾向于选择"参与"策略，因此系统最终演化稳定策略是{不治理，参与}。

6.4 博弈均衡结果分析

无论是传统基建项目还是新型基建项目，其参与主体都包括地方政府、企业资本和公众，而在本书中研究的核心主体是地方政府和企业资本。本书运用演化博弈理论，分别对地方政府和企业资本的行为展开了讨论，发现地方政府的高效治理和企业积极充分参与从而有效提高东北整体的投资治理效率是本书博弈模型构建的最终目标。通过对地方政府和企业资本行为的分析，对于地方政府来说，一方面应该减少地方政府的监管成本，制定并实施长久有效的监管政策；另一方面，应将更多的财政支出用于财政激励，积极引导企业资本参与基建项目。而对于企业资本来说，不仅需要改善企业的生产经营方式，引进先进的技术和人才，提高生产效率，以更好地参与基建项目，还需要在地方政府实施的监管框架内，严格遵守相关的规定，在地方政府采取"弱监管"时能够规范自身行为，从而保证基建项目的高效运行。

6.4.1 政府策略分析

从以上分析和讨论能够得出，地方政府在基建项目中主要有两个作用：第一，项目的参与者，即地方政府通过参与基建项目实现为公众提供基建公共品和公共服务的职能；第二，项目实施过程中要承担引导和监管的责任，即通过财政激励引导企业资本积极参与到项目中来，并在项目的实施过程中对企业资本进行监督和管理。受经济发展水平的影响，目前我国的市场经济仍然存在发展不完善的特点，经常导致市场失灵，而基建作为典型的公共品，由于其建设周期长、投资回报周期长等特点，往往无法吸引企业资本参与到基建项目中来，因而地方政府在这个过程中需要承担引导者和监管者的角色。另外，地方政府在加强监管的同时需要严格遵循市场经济发展规律，提高监管水平，从而实现治理效率提高的最终目标。在参与治理项目的企业资本中，其水平高低不一，资质参差不齐，运用传统的监管手段无法达到预期目标，在这种情况下采取现代化的监管模式非常必要——不仅能够降低监管成本，还能够有效提高监管效率。

在基建项目实施的过程中，地方政府作为项目实施的引导者，需要为企业资本提供财政支持，可以通过直接财政补贴、税收优惠、贷款优惠等财政激励手段吸引企业资本参与产业的转型与发展。传统基建的发展为产业的转型与发展奠定基础，而新基建的发展为产业的转型与发展提供动力，因此发展传统基建和新型基建顺应了产业转型和发展的要求，对于改善投资环境、提高政府投资治理效率以及促进经济的可持续发展具有重要意义。总而言之，地方政府在基建项目中不仅需要承担提供基建公共品和公共服务的职能，还需要扮演引导者和监督者的角色。具体来说，地方政府需要在基建项目的计划、执行和移交三个阶段发挥其职能。

在项目的计划阶段，地方政府需要对传统基建和新型基建项目进行详尽的调查，了解其在整体城市规划中的地位与作用，在此基础上利用公开竞标的方式选择合适且优质的企业资本，为实现基建项目的最终目标提供保障。由于基建项目的建设周期长、投资金额大、投资回报周期长，无法吸引企业资本参与到基建项目中，所以需要地方政府采取相应的激励手段引导企业资本参与到基建项目中，其中包括，为参与基建项目投资治理项目竞标的优质企业资本给予一定的财政补贴政策，采取税收优惠和贷款优惠的手段为优质企业成功中标提供绿色通道。与此同时，地方政府需要对企业资本实施严格的监管，谨防企业资本在竞标过程中出现违规行为。

在项目的执行阶段，一方面，地方政府采取现代化的监管手段，实现对基建项目的全过程、全方位监管，特别是要对基建项目的资金以及基建工程质量进行严格监管，确保项目的高效顺利运行。但是在此过程中需要实现监管成本的高效使用，减少不必要支出，避免监管成本的浪费。另一方面，地方政府应该根据基建项目运行的规模及进展，对企业资本采取相应的激励手段，为企业资本在基建项目的实施提供财政补贴，并为其建设基建项目提供税收优惠和贷款优惠，并对建设基建项目的企业资本给予公开表彰，提高其社会声誉，从而激励企业资本积极建设基建项目，保证基建项目建设的按时高效完成。

在项目的移交阶段，企业资本按时将基建项目的建设成果移交给地方政府，地方政府需要专业的第三方机构对项目成果的质量进行专门的检测和验收。按照地方政府的绩效考核办法，对于按时高效完成基建项目的企业资本，地方政府应予以相应的奖励；而对于没有按照合同规定完成基建项目的企业资本，地方政府需要予以一定的惩罚，不仅表现在以后的项目竞标中，还应采取资金处罚并追究其相应的法律责任等。

6.4.2 企业资本策略分析

企业资本作为参与基建项目的另一核心主体，在其作出是否参与基建项目的决策时，一方面需要考虑自身资质、行业发展以及整体的投资环境，另一方面参与基建项目的成本收益和地方政府的支持力度也是其需要考量的重要因素。如果企业资本选择参与基建项目的建设，就需要积极改善自身的管理水平并提高生产效率，与地方政府合作按时高效完成基建项目建设。具体来说，企业资本需要在基建项目的选择、执行和移交三个阶段发挥其作用。

在项目的选择阶段，企业资本需要组成专门的团队，对地方政府公开招标的基建项目进行分析和讨论，其内容主要包括参与地方政府招标项目需要投入的资金、需要具备的技术以及在项目实施阶段需要投入的管理成本，这些既是地方政府考量企业资本是否具有竞标能力的重要因素，也是企业资本参与招标的前提条件；另外，需要考虑行业的发展、整体的投资环境以及政府支持力度，相较于地方政府的公益性而言，企业资本的最终目标是利润最大化，因此做好招标项目的成本收益分析尤其重要，如果需要投入的成本大于收益，那么企业资本就不会参与项目招标。

在项目执行阶段，企业资本作为基建项目建设的主要参与主体，需要提前做好基建项目的规范化管理，引进先进的技术和人才，集中团队优势，提高企业资本的生产效率，降低企业资本在建设过程中的运营成本，与地方政府积极合作，提高投资治理效率，保障基建项目的按时高效完成。

在项目移交阶段，企业资本需要对基建项目的建设成果进行全面的检查，保证建设成果符合合同规定，按时与地方政府进行移交。当基础建设投入运营时，企业资本作为基础建设的供应方，应该定期对建设成果进行检查和维护，提高基建项目的运营效率和质量，提升企业的社会声誉，从而提高企业的利润。

总而言之，地方政府和企业资本作为基建项目的核心参与主体，具有各自的行为路径和目标。地方政府在投资治理过程中具备制定监管政策和采取激励手段来引导和监管企业资本参与基建项目的优势，但是缺乏专门的人才、相应的技术以及足够的资金。企业资本具备专业的人才、相应的技术优势以及充足的财力，能够有效弥补地方政府的不足，但是企业资本的最终目标是追求利润最大化，因此需要政府的监管。整体基建项目投资治理效率的提高，需要地方政府和企业资本进行积极合作，以实现资源的最优配置，并满足公众需求，改善投资环境，促进经济可持续发展。

6.5 本章小结

本章主要是对地方政府和企业资本之间的演化博弈进行分析和讨论，在此基础上，构建了基建项目核心参与主体之间的"治理-参与"演化博弈模型，将地方政府的行为分为"治理"与"不治理"，企业资本的行为分为"参与"和"不参与"，发现提高整体的基建项目治理效率是模型构建的最终目标，而实现这一目标的稳定策略在地方政府采取不同监管和激励手段时并不相同。经过分析和讨论发现，地方政府需要建立全生命周期的监管机制和激励机制，在项目计划阶段，通过财政补贴等加强对企业资本的引导，吸引企业资本参与项目招标，提高参与积极性；在项目执行阶段，需要加强监管和激励，不仅需要注意基建项目资金流向，还需要关注基建项目进度，并给予税收优惠和财政优惠，激励企业资本按时高效完成基建项目；在项目移交阶段，进行必要验收，对于按时高效完成的企业资本给予奖励，反之予以一定的处罚。企业资本作为基建项目投资治理的另一核心主体，一方面，需要引进先进的技术和人才，提高生产效率，与地方政府积极合作，为按时高效完成基建项目提供技术和人才保障；另一方面，在实施过程中应该严格按规定和合同进行建设，在基建项目的建设过程中严格规范自身行为，并高效利用自身的人才、技术和资金优势，保证基建项目的顺利完成。

7 优化东北振兴投资治理的对策建议

7.1 界定投资治理宽度，强化发展绩效导向

7.1.1 坚持经济增长前置，巩固投资驱动基础

一是正确认识经济增长和经济发展在投资绩效中的辩证关系。2014年以来的东北投资经验证明，没有经济增长就没有投资驱动的基础，东北振兴从投资驱动转向投资治理驱动也就无从谈起。由此，经济增长构成东北投资经济发展绩效的前置维度。在东北投资治理实践中，应进一步明确"稳增长""稳投资"的战略意义和关联意义，调高对投资的站位认识，不能越过投资增长驱动效应来谈投资的发展驱动效应。

二是正确处理好"大基建投资治理"和"新基建投资治理"之间的模式切换。新基建投资治理首先和唯一承接的应该就是大基建的短期需求效应。在新基建投资治理尚在一个框架概念时，大基建投资治理仍然要发挥提供主要投资需求的作用，传统意义上的水电路桥基建投资不能

停滞，甚至可以适度超前进行更新建设。在新基建投资治理实践中，基建补短板项目需要优先落地，像城际铁路、支线机场、港口码头的大型基础设施建设可以优先进行，其次是5G技术、新能源汽车充电桩、工业互联网、特高压输电、大数据中心、人工智能等科技创新项目，"制度基础设施"可以放在最后，有梯度有层次地构建起"新基建投资治理"模式，在实现东北投资的新旧动能转换的同时，兼顾经济增长，消解转型阵痛，保障经济稳定。

三是要多措并举保障投资规模，稳定投资增速，实现投资规模驱动效应和增量驱动效应的统一，这样既能实现经济增长的水平效应，也能保障经济增长的加速效应。要鼓励政策落到实处，资本流向实体经济，不能在金融体系内空转，也要发挥公共投资对私人投资的挤入效应，这就需进一步开放投资领域。对政府支出而言，投资要占据更多成分。在第3章发现，在控制了产出带来的内生性后，投资具有唯一的净驱动效应，这与投资治理的驱动效应可能存在因果，因为其可以影响经济增长，据此要进一步深化投融资体制改革，提升投资政策的精准性和针对性，强化财政政策和货币政策的投资治理协同，创新融资方式，积极培育区域资本市场，鼓励社会资本积极参与区域投资，促进企业积极扩大再生产。

7.1.2　聚焦主要发展维度，推进投资多元驱动

一是强化投资对人均产出提升的驱动效应。尽管东北投资发展驱动效应主要集中在人均产出维度，但东北经济边缘化压力进一步制约了对经济质量的兼顾，并且面临着类似于纳克斯"贫困恶性循环"和纳尔逊"低水平均衡陷阱"的发展压力，因此经济发展模式较为粗放，主要依靠要素驱动，对传统化石能源能源依赖较重，单位产出能耗比较高，碳排放压力较大。同时东北地区的高附加值劳动机会较少，大量高素质劳动力外流，人力资本对经济发展贡献相对较低。总的来看，东北经济发展效益较差，人均产出水平较低。应鼓励东北投资强化对高附加值产业和集约型产业的投资，同时强化对人力资本和技术资本的投资，提高劳动在经济发展中的贡献，提高人均产出水平。

二是显化投资对产业升级的驱动效应。东北投资对产业结构升级仅具有微弱的正效应，而且不显著，如果不考虑时点差异，东北投资甚至对产业升级存在抑制效应。东北振兴的问题是结构问题，产业结构升级是东北投资的核心绩效，产业升级缺乏激励直接制约东北投资的综合发展绩效。在产业结构上，东北第二产业依赖度较高，并且结构较为老化，东北投资一是要集中力量扩大第三产业，二是对第二产业去芜存菁，并结合新基建数字化基础和平台，进行传统产业数字化改造。在行业选择上，要优先投资新进装备制造、新能源、新材料、现代农业、数字产业。

三是扭转投资对就业消纳的抑制效应，正确处理好其与产业结构合理化的辩证关系。从就业消纳视角看，现有东北投资不利于就业消纳，有可能是投资产业结构和就业供给结构不匹配所致。东北投资应该兼顾劳动密集型产业和服务业，摆脱第二产业依赖，通过投资第三产业来创造更多就业岗位。同时，要集中力量做好灵活就业人员的公共服务设施建设和制度基础设施建设。最后，可以通过强化人力资本投资来缓解就业压力，如扩大研究生层次以上的高等教育规模，进一步发展应用型本科等。

四是消解投资对区域技术进步的抑制效应。当前，东北地区的投资驱动仍然集中在要素领域，依靠规模或者要素配置来增加短期刺激效应，经济发展内生动力不足。从内生增长理论出发，投资驱动技术进步有两条路径：其一，通过投资物质资本，特别是技术要求较高的基础设施建设、先进装备等，为技术进步创造内生需求；其二，通过投资非物质资本，如人力资本、科技创新制度资本，为技术进步提供更好供给。

五是扩大投资对创新创业的驱动效应。创新创业既能够提升经济活跃度，又能够促进就业改善，对科研和教育也有积极意义，代表着经济发展的基础和潜力，是区域经济发展绩效的高级效应面和主要作用维度，东北投资对经济发展的驱动效应也集中在此维度。对此，东北投资应进一步面向科研基础设施、创业公共服务、创业投资基金等维度进行扩张，进一步发挥创新创业对经济发展的高级带动效用。

最后，全面强化投资的发展绩效导向，实现经济振兴目标转向，区域整体投资应结合新基建投资全面转向经济发展，并向提升人均产出、升级产业结构、扩大就业消纳、推进技术进步、培育创新创业五个方向聚焦，在推进全面振兴的同时突出目标导向。

7.1.3　因地制宜分解绩效，强化投资整体协同

对于辽宁省而言，应在维持其投资增长驱动效应的基础上，积极扭转投资对经济发展的抑制效应。而扭转经济发展绩效，需要系统调整，全面推进，除了人均产出维度，在产业升级、就业消纳、技术进步、创新创业四个维度均要重视，调整区域投资应基于这四个维度强化配置。

对于吉林省而言，其既缺乏投资增长驱动效应显著，也缺乏投资发展驱动显著，投资驱动地位在吉林省遭受重大挑战，所有的正向驱动效应都不能通过置信检验，投资效应缺乏稳定和信度，而所有的负向效应都显著。由此，吉林省应重点平抑投资对产业升级和技术进步的消极效应。另外，吉林省可以借助新基建投资治理，重新确立投资的战略地位，适当保障增长问题的解决。

对黑龙江省而言，应寻求进一步提升投资增长驱动效应，并且寻求投资在驱动经济发展上的稳健效应。分维度来看，黑龙江省要集中力量扭转在产业升级、技术进步上的负效应，并积极补足在创新创业等公共服务上的投入。

对蒙东地区而言，投资的增长驱动效应和发展驱动效应都较为显著，因此应兼顾经济增长和经济发展，增长和发展齐头并进，在分维度绩效上，要集中力量于产业升级和技术进步，并寻求创新创业绩效的显著性。

整个东北地区要强化区域投资的协同，分样本来看，各省和地区都遭遇产业升级维度的负效应和创新创业维度的显著性缺乏，但是从东北整体来看，这两种效应有着较好改善，因此要强化区域内的投资绩效治理协同。另外蒙东地区的投资驱动效应较好可能是由于承接了区域内部的产业转移，因此区域内部投资要相互流动，互相协同。

7.2 区分投资治理细度，优化治理逻辑驱动

7.2.1 坚持数量治理逻辑，强化数量治理驱动

一是保持稳定的投资冲动，持续释放投资需求，不断扩大投资冲动在人均产出水平、创新创业上的驱动效应，同时注意扭转其在产业升级、就业消纳、技术进步上的负面效应，促使投资驱动在经济综合发展上的驱动效应更加显著。具体来讲，要对高附加值、低能耗比、人才密集、创新密集的产业和项目保持强烈的投资冲动，同时注意强化在第三产业和现代服务业、基础研发领域、高级技术人力资本的投资意愿和倾向，兼顾劳动密集型产业的投资冲动。另外，要将地方投资冲动和企业投资冲动有机结合，实现公共投资对私人投资的拉动。

二是推进引资竞争向更高层次升级，扭转引资竞争的负驱动效应。当前东北投引资竞争陷入依靠要素价格让渡的"逐底竞争"，致使东北引资竞争以损害东北经济发展的长期潜力为代价，对创新创业挤出严重，同时外资进入极大损害了本地的技术创新，导致对技术进步存在显著抑制效应。引资竞争要跨越要素价格竞争陷阱，转向引资模式创新和营商环境治理为核心，从根源上扭转引资竞争的整体负效应。另外，引资竞争需要围绕引资质量、引资产业结构、引资就业结构进一步优化，巩固在提升人均产出水平和产业升级上显著驱动效应，提升对就业消纳驱动的显著性。

三是强化投资冲动和引资竞争的逻辑协同。首先，地方投资冲动应重点撬动区域内的投资热情，激发市场活力，增强投资潜力，为引资竞争吸引区域外资本流入提供市场吸引和制度基础。其次，引资竞争应围绕制度竞争进行开展，通过区域内制度创新和营商环境优化，吸引外来资本的同时，为激发内部投资热情带来正向外部性，培育区域投资的内生动力，进一步释放投资需求。最后，引资竞争和投资冲动对提升人均产出水平均有显著驱动效应，二者应围绕此维度进一步深化协同，在产业升级、就业消纳、创新创业维度，二者效应方向不一致，可以适当强

优弱劣，通过效应对冲保持整体逻辑的一致性；对技术进步，二者存在负效应，但主要集中在引资竞争领域，因此引资竞争要占据主导地位控制对技术进步的不利影响。

7.2.2　优化质量治理逻辑，突出质量治理驱动

一是理顺优化单位投资产出质量治理逻辑背后的集约型发展逻辑和新发展理念，强化单位投资产出治理对经济发展驱动效应的显著性。长期以来，东北地区的经济增长是要素驱动的，投资通过资本引入盘活了东北地区的资源优势、土地要素和廉价劳动力，进而驱动经济的增长。但是这种经济发展缺乏长期内生动力，并且市场分割严重，地方竞争带来重复建设和长期产能过剩，同时以资源枯竭和环境破坏为代价，区域内部差距拉大，是非创新、非全面、非合作、非绿色、非均衡的发展。单位投资经济产出的治理更强调以技术驱动和结构调整为基础驱动的经济发展，更强调经济集约型发展和新发展理念，因此要进一步强化单位投资产出对技术进步、产业升级、就业消纳的驱动效应并增强其显著性。

二是优化创新竞争逻辑，提升创新竞争对产业升级的驱动效应，控制创新竞争在创新创业、人均经济产出上的负驱动效应，进而扭转创新竞争对经济发展的整体效应。当前，东北的创新竞争面临结构性矛盾，教育体制和科研体制较为老化，对市场人才需求的满足不够，对基础创新的支持不足，导致对创新创业的驱动效应较差，而教育和科研是关系劳动力素质，进而提升人均产出水平的主要因素，由此创新竞争也对人均产出治理带来负驱动。因此要进一步改善创新竞争逻辑，即围绕教育体制和科研体制进行改革，如大力发展应用本科教育和建设新型科研举国体制，同时将创新竞争的主动力由政府转向市场。另外，要积极强化创新竞争对产业升级的驱动效应，引导创新为基础的高新技术产业、基础科研产业的全面发展。

三是强化单位投资产出治理和创新竞争治理的逻辑协同。单位投资产出质量治理主要追求投资效益，即量变引发的质变，同时其依靠技术进步或者提升资源利用率引致投资效率上升，实现同等投资规模下的更

高产出，本质上是对物质资本的有效配置。创新竞争治理的主要对象是包括人力资本、制度资本在内的智力资本，其本质是对智力资本的有效配置，即单位投资产出治理和创新竞争治理的协同，还意味着智力资本和物质资本相对结构改变引发的质变。具体实践中，二者要规避在人均经济产出、创新创业维度负效应协同，强化二者在产业升级上的协同驱动。

7.2.3 创新区位治理逻辑，扭转区位治理驱动

一是理顺高铁开通背后的投资区位治理逻辑，扭转高铁开通的负驱动效应。高铁开通意味着较为丰富的投资区位治理逻辑。首先，高铁开通意味着投资区位硬件条件的改善，使得外来资本的流入成本下降，机会和意愿在增强。其次，高铁开通意味着区域要素流动条件改变，信息流、人流、物流等影响投资流动的环境要素在改变，投资环境有可能会因此改善。最后，高铁开通为发展城市群建设提供了交通联结基础，区域投资协同加强，整体投资区位扩展。不过随着高铁开通，这些优势并未被东北地区有效释放，而且随着东北产业结构老化，高铁开通有可能带来东北区位比较优势下降。另外高铁建设这种区位治理效应释放事件较为集中，需要不断有新的基建建设进入才能维持其区位优势。除了高铁开通，是否建设城市云服务中心、是否开通5G、是否联通工业互联网、是否建设大数据服务中心、是否构建新能源网络等都可以接续成为区位治理新选项，并且需要将其驱动效应集中在产业升级领域，进而推进全面发展。

二是进一步深化区域投资开放，将改革开放红利进一步转化为区域开放治理驱动效应。东北地区经济边缘化压力会进一步加大，因此对国内开放必然会带来要素流出，但是不开放东北经济将逐步走向衰落。因此要深化东北地区的投资开放，必须要争取到差异化的地区投资开放政策，在全国范围内形成利率洼地，形成比较优势。换个角度来看，区域开放不一定是向经济发达地区进行开放，还可以借助共建"一带一路"等战略机遇，将区域投资开放、贸易开放相结合起来，通过对外投资消化本地产能，进而推进区域开放度治理逻辑的效应优化。在效应突破

上，要进一步提升区域开放治理对人均产出的驱动效应，增强区域开放度治理逻辑在产业升级、就业消纳上的驱动显著性，以此扭转区域开放对经济发展的整体负效应。

7.3 延伸投资治理长度，提升投资驱动效率

7.3.1 强调长期效率导向，多维提升治理效应

一是将投资驱动效率纳入长期振兴视角下的绩效维度，既要考虑综合发展绩效，也要考虑长期发展绩效，兼顾投资治理驱动的全面性和长期性，注重投资驱动效率的持续优化，破解东北振兴"低效率"陷阱，从根源上解决东北屡振不兴。具体来讲，要重点发挥新建投资作为数字化基础设施和平台的数字赋能效应，追求区域投资活动的质量逻辑，通过量变引起质变，也通过调整结构实现质变，注重投资效率驱动由规模效率驱动转向技术效率驱动，并且在提升纯技术效率的基础上，重视技术进步的效率提升贡献，同时追求要素配置优化带来的效率。区域投资在主体上更加多元充分，在资本结构上，智力资本占物质资本的比例逐渐上升，同时注意强化融资支持，强化制度效率逻辑。

二是要强化投资治理驱动的局部投资效率优化效应，逆转投资治理驱动的整体负优化效应。分维度来讲，在投资数量治理逻辑上，要进一步强化投资冲动在规模效率上显著优化效应，进而提升其整体效率的显著性；要全面控制引资竞争的在综合效率和技术效率的显著负效应，降低其显著水平和作用系数。在投资质量驱动治理逻辑上，要全面提升单位投资产出治理的显著改善效应，无论是技术效率还是规模效率均可以继续强化；要全面引导创新竞争的效率优化效应由负转正，重点控制其在规模效率上带来的负显著效应。在投资区位治理驱动逻辑上，要全面淡化高铁开通的负效应，重点应放在综合效率和规模效率上的显著负效应；在区域开放度治理维度，要重点突出其在技术效率的正效应，增强其显著性，借此扭转在综合效率上的负效应。

三是关注其他关键变量对投资驱动效率的优化效应，为投资治理驱

动的效率改善效应提供更好基础。具体来讲，在综合效率维度，要重点提升工业化、中心城市建设、进出口对投资驱动效率的显著优化效应，控制消费带来的效率挤出，强化在人力资本、政府购买、市场化强度、地方干部晋升激励上的正显著性。在技术效率维度，应在综合效率优化思路的基础上，调整政府购买带来的技术效率挤出。在规模效率维度，重点提升工业化、中心城市建设对投资驱动效率的显著优化效应，全面强化在进出口、消费、人力资本、政府购买、市场化强度、地方干部晋升激励的正显著性。

7.3.2 优化投资体制治理，扭转投资体制调节

一是在现有投资体制条件下，优先推进投资质量驱动逻辑，进一步强化单位投资产出治理的显著效率优化效应，同时积极缩小并扭转创新竞争带来的负向非显著效应。具体来讲，在单位投资产出治理维度，要引导经济向集约型、低碳型发展，减少投资驱动中的重工业、化石能源产业依赖，积极践行绿色发展理念，利用新能源、新材料、先进装备制造等产业数字化矩阵，降低单位产出能耗，提升单位投资收益，同时积极发挥智力资本投资的劳动力素质提升效应和制度优化效应，引导高级劳动在经济产出中占据更多成分。在创新竞争维度，要统筹兼顾，减少公共创新投资对私人创新投资的挤出，并且积极改良教育和科研体制，解决创新投资的结构性矛盾。

二是在现有体制条件下，重点淡化对引资竞争逻辑的消极调节效应。首先，应减少引资竞争在投资驱动效率上的负效应系数，具体可以引导引资竞争从要素竞争转向制度竞争实现，降低引资竞争中的要素价格贴现比例。其次，要全面控制财政分权、财政包容、房地产投资、区域创新投资水平、区域投资强度对引资竞争的负向调节，淡化整体投资体制的消极调节的显著性，具体可以从财政政策引导引资质量和结构、淡化土地财政对引资竞争的支持、减少房地产投资引入、淡化区域创新投资的竞争协同、减少区域投资强度提升带来的引资结构失衡等维度推进。

三是抓住区域投资强度、财政分权等关键体制维度，分维施策，优

化单位投资产出治理驱动。首先，要进一步强化东北区域投资强度，提升自身投资驱动效率优化效应的同时，扩大其对人均投资产出治理逻辑的正向调节效应，具体来说，应从加大中央投资项目支持、强化地方新型补短板基础设施建设项目投资、鼓励企业和社会资本多元参与科技创新基建项目等加以实现。其次，要控制财政分权对投资驱动效率的负向显著效应，并降低对单位投产出治理逻辑的负调节效应，具体要控制财政分权的非均衡性和非规范性，调整财政收支结构，强化中央转移支付，降低土地财政依赖和地方债规模，推进财权事权相匹配。

四是因地施策，抓住主要体制维度，提升投资体制的效率优化效应。与全样本效应相比，辽宁省的财政分权效应扭负为正，区域创新投资水平的贡献效应扩大且变得显著，区域投资强度的正效应不再显著；吉林省财政分权的负效应和财政包容度的正效应均变得显著，区域投资强度的正效应明显变大；黑龙江省区域创新投资水平的正效应变大且显著，但区域投资强度的显著正效应变为负效应不显著；蒙东地区的财政包容度由正变负，但是房地投资依赖度的效应由负转正，区域创新投资水平的正效应变大且显著，区域投资强度的正效应明显变大。总的来说，辽宁省和黑龙江省应当围绕投资强度进行投资体制治理优化，吉林省应主要优化财政分权治理，蒙东地区则要抑制财政包容度的负效应。

7.3.3 立足体制门限效应，多维推进效率跃迁

一是引导区域投资强度达到较高水平，大幅收敛引资竞争对投资驱动效率的负优化效应。具体来讲，要进一步加大中央转移支付和横向转移支付，保持项目制投资拉动，强化公私资本合作，适度超前进行基建建设等，以提升区域投资强度。同时，不能因提升区域投资强度而出现要素上的"逐底竞争"、降低引资质量和结构等。对于黑龙江省来说，区域投资强度应优先保持在最高强度区间，次优解是停留在较低区间，不能在中间层次长期停留，以减少引资竞争对投资驱动效率的负效应。

二是引导区域创新投资水平达到较高层次，引导投资冲动、单位投资产出、创新竞争、高铁开通等治理逻辑对投资驱动效率的跃迁性改善。具体来讲，首先要持续增大财政科技支出和创新教育支出的规模，

进一步加强创新资本和教育资本等智力资本投资导向；其次要集中力量进行教育体制改革和科研体制改革，优化结构，强化基础创新，强化对市场的人才支撑和基础科研支撑，撬动更多社会资本进入创新投资领域。分省份来讲，建议重点在辽宁和黑龙江寻求更高阶的治理改善门限效应。分治理逻辑来看，可以从强化在创新投资的投资冲动、引导创新投资质量提升、强化智力创新资本投资竞争、强化新基建投资科技创新项目占比等方面加以推进。

三是维持房地产投资在区域投资中的稳定占比，大幅收敛引资竞争、区域开放度等治理逻辑对投资驱动效率的负优化效应。具体来讲，维持房地产投资要在长期内坚持房住不炒原则，强化房子刚需属性，淡化其大宗商品的投资属性，进一步优化租售同权，扩大保障房和廉租房建设规模，探索共有产权住房，必要时放开农村宅基地转让。分省来看，建议黑龙江省更加重视此种门限效应。分治理逻辑来看，可以从扩大本地房地产投资开放、强化房地产投资项目的区域外资本占比、进一步放开户籍政策等视角推进。

四是控制财政分权、财政包容度处于较低层次，严格控制引资竞争、区域开放等治理逻辑对投资治理驱动效率负效应的非显著性，以及较低效应系数。具体来讲，首先要推进包容性财政分权的规范化，引导财政收支匹配，降低事权下放；其次要强化中央转移支付、横向转移支付对土地财政、地方债的挤出作用；最后要降低地方竞争激励，建设全国统一大市场，破除地方保护，淡化地方无限经济发展责任。分治理逻辑来看，可从减少土地财政对引资竞争支持、减少对外举债等维度推进。

7.4 突破投资治理深度，培育投资内生动力

7.4.1 创新投资治理模式，构建新型驱动内核

一是要以"新基建"为中心，采用积极财政政策和货币政策，通过货币政策调整博弈释放流动性，通过财政政策鼓励推进基建补短板项

目、科技创新项目、制度基础设施等维度的新基建项目，大力发展东北地区新一代信息通信基础设施、新型数字化基础设施、新型数据处理设施，更新智慧交通、智慧能源等融合基础设施，探索重大科技创新基础设施建设，释放投资需求，增加投资机会，将货币资本从金融体系内空转的状态解放出来，流入实体经济，真正扩张需求。同时，围绕新基建破除政府购买在体制内空转的怪圈，通过向企业购买体制内部无法供给的信息技术服务和先进制造装备，向企业转移货币资本，增加企业收入，进而扩张企业投资需求，增加货币流动。这样，可以为财政货币政策继续积极稳健提供基础，以对抗外部不断收紧的加息压力。

二是通过将投资集中配置在新基建，以新基建为数字化基础设施和数字化平台，培育在新能源、新材料、先进装备制造等产业数字化矩阵，并催生新的数字经济形态，享受数字化技术带来的边际收益递增，并以此继续扩大新基建投资需求，催生新的产业融合和产业升级，最终形成数字经济与新基建建设的动力耦合——以投资催生新技术的广泛赋能，以产业数字化改造带来新的投资需求。

三是开创新型资本市场，降低融资成本，扩大社会资本参与，通过将新基建项目有价证券化，为社会资本提供代替商品房投资的新标的。同时，在做好系统性金融风险隔离的基础上，尝试银行等资本控股新基建项目的可能，并创新公私资本合作方式，完善"专项债+社会收益债券"，创新政府购买模式，实现社会筹融资的巨大发展，并构建资本流动的大循环。

四是培养"新基建+产业数字化矩阵+新型资本市场"的东北振兴内核，东北地方政府应当以新基建投资建设为支撑，向中央争取差异化的政策，包括税收、财政、金融等方面的优先开放和政策实验，以制度红利支撑新东北振兴内核的加速形成，进而培育东北投资的新型治理模式。

7.4.2 夯实政府投资责任，优化政府投资治理

一是借助新基建投资治理机遇，矫正政府投资越位。当前东北政府投资存在三大越位：首先是政府投资的行为越位，政府投资的边界应该

是"市场失灵"，但事实上，地方政府在财政分权和地方竞争的激励下，有着与民争利的动机，在一些市场配置资源更有优势的行业，政府应充分退出，让利于民，增加企业投资参与，当前的新基建涉足行业的大部分都可以交给民营企业。其次是政府投资的效应越位，政府投资对企业投资有较大挤出，因此政府投资应重回公共投资边界。最后是东北地方投资存在规模越位，地方投资冲动过大，损害地方长期投资增长空间，由此应审慎保持投资冲动，将投资冲动集中于新基建项目。

二是借助新基建投资治理机遇，弥补政府投资缺位。长期以来，东北政府投资对高新技术产业扶持和科研支撑存在较大缺位，对农业基础设施建设保障不足，对社会保障等公共服务基础设施建设存在短板，因此应借助新基建建设机遇，补齐其在区域创新基础设施、智慧农业基础设施、社会保障等公共服务基础设施的短板，并且与新基建中的科技创新项目有机耦合。

三是借助新基建投资治理机遇，调整政府投资站位。东北地方经济发展存在大量的产业趋同、重复建设和产能过剩，实质是地方竞争逻辑下地方保护主义的抬头，导致市场分割严重，而新基建投资的核心是信息流的投资，因此对其有天然破解性。东北地方投资的站位应当更加高远，积极参与到全国统一大市场的建设中去，并且要意识到统一要素市场、统一商品市场的形成会加速降低东北地区的产业比较优势和区位比较优势，因此政府投资的站位要上升到地区产业协同发展，以区域整体协同参与全国市场竞争。

四是借助新基建投资治理机遇，优化政府投资治理。一方面，随着新基建投资的迅速铺开，东北地方投资的自身管理要进一步科学、系统，鉴于新基建投资投入大、折旧高、更新快的特点，政府在新基建投资决策时要创新方式方法、完善评价机制和问责制度，不能拍大腿决策。另一方面，以推进新基建治理为契机，积极优化营商环境，将治理重心放在投资的中后端上来，强化对投资的服务职能，进一步推行和完善投资准入负面清单制度、首问负责制、企业承诺制、中介服务多评合一制，同时加强对投资的监督和引导职能，在政府投资项目入库管理的基础上，探索整个东北地区的投资项目入库治理，发布东北地区投资引导目录，投资主体失信清单制度建设也要跟上，通过优化整个地区的投资服务、监督职能来降低东北地区投资的"治理税"。

7.4.3 巩固企业投资主导，培育投资内生动力

一是增强企业投资的独立性，减少政府对企业投资的行政干预。东北地区要保障企业投资的独立性，首要任务就是减少对企业投资的直接行政干预，虽然行政干预的成本最低，短期效果也比较明显，但是其使用应该有着严格的限制条件，不应成为政府处理与企业投资关系的常用工具。另外，要转变企业投资与政府投资关系的认识，在新基建治理架构下，寻求建立一种多层次常态化的治理机制，在投资活动中，企业不再居于一个被管理和规制的地位，而是已经上升到一个合作伙伴的关系，要保障企业投资的独立性，就是要尊重企业投资的治理伙伴关系，用"治理"来代替"规制"，保障投资伙伴的投资独立性。对于国有企业，真正做到"政企分离"，特别是积极推进国有企业的混合所有制改革；对于民营企业，要在投资活动中给予与国有企业同等的国民待遇；对于外资企业，包括中外合资企业，东北地区可以通过进一步提升自身开放程度来吸引外商资本，但是不宜以特别优待来"诱惑"外商投资，因为这本身就是对东北地区企业投资公平性的破坏。

二是降低企业的投资成本，包括企业投资面临的制度成本以及融资成本，特别是要降低企业投资中制度成本里的信用成本和融资成本中的中介成本。企业投融资成本过高也是东北地区投资内生动力不足的原因之一。一方面，要改善东北地区企业投资所付出的制度成本，具体包括：要在行政端通过深化"放管服"改革，降低企业投资在"输入端"的制度成本；要在市场端完善市场投资服务体系建设，降低企业投资在"退出端"的制度成本；要在社会端强化社会信用建设，奖励守信，惩戒失信，降低企业投资所付出的社会信用成本。另一方面，要改善东北地区企业投资所付出的融资成本，具体包括：要加大东北地区对企业融资的金融支持，一定程度上放宽企业获得银行贷款的条件；加快东北地区的企业融资创新，加大直接融资的占比，即探索企业股权、企业债券、专项扶持基金等多种形式的企业融资创新；规范东北地区的民间借

贷，适当探索民间借贷的组织化和规模化，赋予民间借贷组织的"准银行"待遇；建立和完善东北地区企业融资的中介服务体系，降低融资中介费率。

三是提升企业投资的内生参与，主要可以从提供更多的投资机会，提升地区投资收益率，提升地区投资潜力等几个方面着手。首先，新基建提供了更多投资机会，但企业投资的真正机会在于数字化转型和中美脱钩背景下东北地区经济发展的"军民融合"，以及东北地区更深层次的经济开放。其次，要提高东北地区的企业投资收益率，要转变东北地区的企业投资方向，引导企业退出附加值较低的传统制造业、采矿业、能源工业，转而对新基建平台下的产业数字化矩阵进行投资。最后，要切实提升东北地区的投资潜力，借助新基建经济的发展，抓住历史机遇和数字化红利，集中力量孵化出一批独角兽企业和"小巨人"企业。

8　结论与研究展望

8.1　结论

本书主要得出以下结论：

首先，新基建投资治理优化视角下，投资仍然是东北全面振兴的主要驱动力，投资驱动仍然是东北振兴的主要路径。具体来讲：

（1）投资应从单维经济增长驱动转向多维发展驱动。经济增长是东北投资经济发展绩效的前置维度；同时，东北全面振兴依赖投资绩效的多元导向，新基建投资治理应着力解决"大基建投资治理"模式下的五个缺陷：一是区域经济振兴的效益不高，人均经济产出水平较低；二是产业结构老化和固化，高新技术产业和现代服务业缺位，第三产业占比较低；三是就业结构和产业结构的内生矛盾，减少就业压力和产业结构合理调整需要作出取舍；四是区经济发展的内生动力不足，仅靠要素投入的规模效应难以持续，要素之间配置优化和内生的技术进步无法保障；五是公共基础设施建设和公共服务供给存在短板，经济发展潜力较差、活力不足。这五个缺陷为建构新基建投资治理视角下东北经济发展的绩效维度提供了依据。据此，东北投资驱动效应应聚焦人均产出、产业升级、就业消纳、技术进步和双创培育等绩效维度。

（2）东北投资仍然表现出强劲的增长驱动效应，东北振兴中的投资驱动特征仍然成立。在凯恩斯短期需求分析框架中，东北投资的驱动效应达到外贸的3.7倍，狭义投资贡献率超过10%，如果考虑政府支出等广义投资，东北投资的贡献率接近三成，并超过消费贡献率。内生性处理结果发现，在控制了滞后一期的地区产值水平后，投资具有东北地区唯一的净驱动效应，东北经济增长脱离投资驱动路径短期内不现实。

（3）东北投资可以显著促进东北地区的综合发展，是除工业化之外对经济发展的唯一动力。东北投资在经济发展分维度，仅对人均经济产出、创新创业显著有效，对产业升级有微弱促进但不显著，对就业消纳和技术进步存在抑制效应。

（4）东北投资的经济增长驱动效应主要集中在辽宁省，在黑龙江省也具有积极意义，但对吉林省不适用。在投资对发展的驱动效应上，吉林省和黑龙江省均需要进一步优化，增强其显著性，辽宁则需要先做到扭负为正，尽管负效应也不显著。无论是增长维度还是发展维度，蒙东地区成为东北振兴的新空间，投资驱动对其经济增长和经济发展均十分适用。

其次，新基建投资治理优化视角下，投资治理对推进东北全面振兴有多种治理逻辑下的局部突破效应，但东北投资治理对东北全面振兴的整体驱动效应尚未形成，东北振兴正处于投资驱动转向投资治理驱动的动能转化阶段。具体来讲：

（1）新基建投资治理优化视角下，东北投资治理承袭并凸显出六种治理驱动逻辑：一是地方投资冲动逻辑，即地方政府有着利用有限财政支出禀赋撬动无限区域投资的冲动，以增强区域投资驱动效应；二是地方引资竞争逻辑，地方政府有着利用本地要素禀赋和政策优惠吸引区域外资本特别是外商直接投资的竞争逻辑，以增强区域投资驱动效应；三是提升投资质量逻辑，即通过改善投资的单位产出，增强区域投资驱动效应；四是创新竞争逻辑，即通过地方财政科技支出和教育支出等智力资本投资的竞争，增强区域投资驱动效应；五是高铁开通为代表的交通联结治理逻辑，即通过新型区域交通设施建设扩大投资需求的同时进而改善区域投资中的物流、信息流、能源流、人流等要素流动，以期增强区域投资驱动效应；六是区域（资本）开放度治理逻辑，通过深化区域投资开放改善区域投资环境，改变区域资本流动水平，强化区域投资驱动效应。

（2）投资治理在经济发展分维度绩效的驱动效应如下：投资治理对人均产出的驱动效应主要集中于投资冲动治理逻辑和区域（外资）开放治理逻辑，单位投资产出治理逻辑也对其有非显著驱动效应，其余治理逻辑对其均存在显著抑制效应。投资治理对产业升级的驱动效应主要集中引资竞争治理逻辑、创新竞争治理逻辑、高铁开通治理逻辑，人均投资收益治理逻辑对其也有非显著驱动效应，其余治理逻辑对其存在非显著抑制效应。投资治理对就业消纳的驱动效应主要集中于创新竞争治理逻辑、高铁开通治理逻辑、区域开放度治理逻辑，但均不显著，其余治理逻辑对其存在非显著抑制效应。投资治理对技术进步的驱动效应主要集中于创新竞争治理逻辑、区域开放治理逻辑、单位投资收益治理逻辑，但均不显著，其余治理逻辑对其存在非显著抑制效应。投资治理对创新创业的驱动效应主要集中于投资冲动治理逻辑，区域开放度治理逻辑、单位投资收益治理逻辑对其有非显著驱动效应，引资竞争治理逻辑、创新竞争治理逻辑对此有显著的强抑制效应，高铁开通治理逻辑存在非显著的抑制效应。

（3）投资治理对经济发展综合绩效的驱动效应主要集中于区域开放度治理逻辑、投资冲动治理逻辑、单位投资收益治理逻辑，但均不显著。引资竞争治理逻辑、创新竞争治理逻辑对经济发展综合绩效有显著的抑制效应，高铁开通治理逻辑对经济发展综合绩效存在非显著抑制效应。

再次，新基建投资治理优化视角下，投资治理对优化东北投资的驱动效率有多种治理逻辑下的局部赋能效应和质变突破机制。具体来讲：

（1）效率改善目标下，东北投资治理只存在局部逻辑下的显著正向赋能，尽管东北现有投资体制本身不存在对效率提升的显著制约，但在整体上并没有强化投资治理赋能逻辑，反而使其变得更差；区域投资强度、区域创新投资水平、房地产投资依赖度等投资体制下存在优化东北投资治理影响投资驱动效率的门限效应。

（2）整体来看，投资治理对投资驱动效率的赋能效应还较为弱小，效应面还比较窄，仅集中在单位投资产出治理逻辑和投资冲动逻辑，投资冲动的改善效应还需要进一步显著。在大部分投资治理维度下，投资治理对效率提升存在消极效应。投资治理与投资驱动效率的偏效应估计也验证了这个结论。

（3）在综合效率维度和规模效率维度，投资体制使投资数量治理和投资区位治理的赋能变得更差，使投资质量治理的赋能整体变得更好；在技术效率维度，投资体制使整体投资治理赋能变得更差。在分省份估计中，现有的投资体制使东北投资治理的大部分逻辑在提升投资驱动效率时变得更差。

（4）投资体制对投资治理影响投资驱动效率存在多维门限效应。综合所有门限效应来看，区域投资强度、区域创新投资水平、房地产投资依赖度带来的治理逻辑门限效应都是趋好的、改善的，而财政包容度和财政分权的门限效应其实就是同一个门限效应，其带来的治理逻辑门限效应是趋坏的、扩大消极效应的，因此要严格控制财政分权、财政包容度处于较低层次。

最后，新基建投资治理假设下的政企投资治理博弈可以有效培育东北投资内生动力，但可能面临政府治理动力不足问题。具体来讲：

（1）新基建项目治理假设下，政府若采用"弱监管模式"，地方政府选择"不治理"策略，企业资本选择"参与"策略。对于地方政府而言，采取"弱监管"的监管方式，新型基建项目中地方政府将更多的财政支出用于激励企业资本，而非直接投资新型基建项目，地方政府能够获得的声誉效益较低，通过成本收益分析，地方政府更倾向于选择"不治理"策略。而当地方政府选择"弱监管"的监管方式时，企业资本选择"参与"新型基建项目所带来的声誉转化价值能够大于选择一般商业项目与新型基建项目的差值，因此系统最终演化稳定策略为{不治理，参与}。

（2）新基建项目治理假设下，若采用"强监管模式"，地方政府选择"不治理"策略，企业资本选择"参与"策略。对于地方政府而言，采取"强监管"的监管方式，地方政府需要付出较高的监管成本，而且"强干预"激励方式下，地方政府还需要付出较高的激励成本，基于成本收益的比较，地方政府更倾向于选择"不治理"策略。在地方政府选择"不治理"策略时，企业资本不仅能够获得参与项目的额外收益，还能够减少运营成本，这会促使企业资本倾向于选择"参与"策略，因此系统最终演化稳定策略为{不治理，参与}。

（3）新基建治理博弈下，地方政府需要建立全生命周期的监管机制和激励机制，在项目计划阶段，通过财政补贴等加强对企业资本的引导，吸引企业资本参与项目招标，提高其参与积极性；在项目执行阶段需要加强监管和激励，不仅需要注意基建项目资金流向，还需要关注基建项目进度，并给予税收优惠和财政优惠，激励企业资本按时高效完成基建项目；在项目移交阶段，进行必要验收，对于按时高效完成的企业资本给予奖励，反之予以一定的处罚。企业资本作为基建项目投资治理的另一核心主体，一方面需要引进先进的技术和人才，提高生产效率，与地方政府积极合作，为按时高效完成基建项目提供技术和人才保障；另一方面，在实施过程中应该严格按规定和合同进行建设，在基建项目的建设过程中严格规范自身行为，并高效利用自身的人才、技术和资金优势，保证基建项目的顺利完成。

8.2　研究展望

本书研究了新基建投资治理优化视角下，东北投资治理的发展绩效优化、治理逻辑优化、效率绩效优化、内生动力优化问题。当前，新基建经济学正在不断发展，新基建投资治理也刚刚兴起，作为全新的研究视角，为东北振兴带来了新的启发。在未来，可以继续关注以下问题的研究：

一是新基建投资的具体绩效分析和具体作用机制分析，囿于新基建投资刚刚开始，研究数据还不够充分，可以在未来将这一问题继续深化，本书仅在这一视角下讨论了传统投资驱动转为投资治理驱动的可能性；二是新基建经济学和新基建治理模式的建构问题，值得在理论上进一步讨论，本书限于研究重心，仅粗略讨论了新基建投资治理优化视角，今后可以进一步将其理论化、系统化；三是关于投资治理博弈模型的讨论也可以进一步深化，本书仅为了解释投资参与问题，研究假定较为简单，研究过程较为粗略。

参考文献

[1] 安树伟，李瑞鹏．高质量发展背景下东北振兴的战略选择 [J]．改革，2018（7）：64-74．

[2] 白极星，周京奎，佟亮．人口流动、城市开放度与住房价格——基于 2005—2014 年 35 个大中城市面板数据经验研究 [J]．经济问题探索，2016（8）：19-27．

[3] 卞元超，白俊红．"为增长而竞争"与"为创新而竞争"——财政分权对技术创新影响的一种新解释 [J]．财政研究，2017（10）：43-53．

[4] 卞元超，吴利华，白俊红．高铁开通、要素流动与区域经济差距 [J]．财贸经济，2018，39（6）：147-161．

[5] 蔡之兵，张可云．区位比较优势衰减、优势再造与政策含金量——东北振兴问题的本质与解决方向 [J]．经济纵横，2020（6）：89-101．

[6] 曹国勇．固定资产投资适度规模与经济增长——基于宜春市县域面板数据分析 [J]．宜春学院学报，2017，39（10）：34-40．

[7] 曹书维，田广辉．挤入还是挤出：东北三省政府投资对私人投资的影响研究——基于 GMM 动态面板和 2000—2017 年东北三省 34 个地级市的实证分析 [J]．工业技术经济，2020，39（5）：23-30．

[8] 常修泽．新发展阶段东北振兴路径探讨 [J]．人民论坛·学术前沿，2021（20）：111-124．

[9] 陈晓东．深化东北老工业基地体制机制改革的六大着力点 [J]．经济纵横，2018（5）：54-60．

[10] 成刚. 数据包络分析方法与 MaxDEA 软件 [M]. 北京：知识产权出版社，2014：62-64.

[11] 褚敏，踪家峰. 政府干预、金融深化与经济结构转型——基于"新东北现象"的考察 [J]. 中国软科学，2018 (1)：63-76.

[12] 崔琳昊，洪倩倩，李石强. 高铁开通提高了城市人力资本配置效率吗？[J]. 中国人力资源开发，2021，38 (5)：113-126.

[13] 邓晓兰，刘若鸿，许晏君. "为增长而竞争"与"为和谐而竞争"对地方债务规模的影响效应——基于投资冲动的中介机制 [J]. 经济社会体制比较，2019 (4)：55-67.

[14] 丁长峰. 供给侧结构性改革下我国社会资产投资结构与市场效应研究 [J]. 改革与战略，2018，34 (3)：28-31.

[15] 董静媚. "十四五"时期东北振兴取得新突破的发展思路 [J]. 区域经济评论，2021 (3)：136-142.

[16] 段文斌. 新基建不是"特效药"而是新动能 [J]. 人民论坛，2020 (14)：86-89.

[17] 樊纲，王小鲁，马光荣. 中国市场化进程对经济增长的贡献 [J]. 经济研究，2011 (9)：4-16.

[18] 范小敏，徐盈之. 引资竞争、居住用地价格与房价 [J]. 财经研究，2019，45 (7)：140-153.

[19] 范子英. 土地财政的根源：财政压力还是投资冲动 [J]. 中国工业经济，2015 (6)：18-31.

[20] 冯彦明. 东北振兴的中国经济学视角及其产业选择 [J]. 区域经济评论，2022 (2)：28-32.

[21] 干春晖，郑若谷，余典范. 中国产业结构变迁对经济增长和波动的影响 [J]. 经济研究，2011 (5)：4-16；31.

[22] 顾元媛，沈坤荣. 地方政府行为与企业研发投入——基于中国省际面板数据的实证分析 [J]. 中国工业经济，2012 (10)：77-88.

[23] 郭朝先，王嘉琪，刘浩荣. 新基建"赋能"中国经济高质量发展的路径研究 [J]. 北京工业大学学报（社会科学版），2020，20 (6)：13-21.

[24] 郭菊娥，陈辰，邢光远. 可持续投资支持"新基建"重塑中国价值链 [J]. 西安交通大学学报（社会科学版），2021，41 (2)：11-18.

[25] 何春. 东北经济失速的政策性因素——基于"东北振兴"政策效果的再考察 [J]. 经济体制改革，2017 (1)：44-49.

[26] 何艳玲，李妮. 为创新而竞争：一种新的地方政府竞争机制 [J]. 武汉大学学报（哲学社会科学版），2017，70 (1)：87-96.

[27] 和军. 东北经济的结构、体制关键障碍与突破路径 [J]. 当代经济研究, 2019 (8): 96-106.

[28] 胡晓峰. "十四五"时期"新基建"投融资: 模式创新与路径实践 [J]. 西南金融, 2021 (2): 61-73.

[29] 贾康. 新基建: 既是当务之急, 又是长远支撑 [J]. 党政研究, 2020 (4): 11-16.

[30] 贾彦宁. 东北振兴战略的政策评估及提升路径研究——基于PSM-DID方法的经验估计 [J]. 经济问题探索, 2018 (12): 41-53.

[31] 姜庆国. 新时代东北老工业基地振兴再思考 [J]. 求是学刊, 2018, 45 (4): 76-83.

[32] 姜卫民, 范金, 张晓兰. 中国"新基建"基投资乘数及其效应研究 [J]. 南京社会科学, 2020 (4): 20-31.

[33] 蒋宇宁, 关文. 东北振兴中的投资驱动分析及三螺旋优化 [M]. 太原: 山西人民出版社, 2021.

[34] 金凤君. 以"新基建"为牵引促进东北地区融合创新发展 [J]. 学习与探索, 2021 (1): 120-124.

[35] 靳继东, 杨盈竹. 东北经济的新一轮振兴与供给侧改革 [J]. 财经问题研究, 2016 (5): 103-109.

[36] 旷爱萍, 蒋晓澜, 常青. "新基建"、创新质量和数字经济: 基于中国省级数据实证研究 [J]. 现代管理科学, 2021 (5): 99-108.

[37] 李丹琪, 张佐敏, 吴佳楷. 绿色发展、省际空间溢出与区域开放度提升研究——基于主成分分析和空间杜宾模型 [J]. 商业经济研究, 2020 (1): 126-130.

[38] 李恩极, 李群. 地方政府创新竞争与企业创新 [J]. 当代财经, 2021 (4): 16-27.

[39] 李连刚, 张平宇, 谭俊涛, 等. 区域经济弹性视角下辽宁老工业基地经济振兴过程分析 [J]. 地理科学, 2019, 39 (1): 116-124.

[40] 李猛. 东北全面振兴和高质量发展——以实现"双碳"目标和应对老龄化为关键点 [J]. 哈尔滨工业大学学报 (社会科学版), 2021, 23 (6): 144-153.

[41] 李宁男. 东北地区固定资产投资对经济增长的影响研究 [D]. 长春: 吉林大学, 2022.

[42] 李清均. 新时代东北振兴战略: 本质、机理与路径 [J]. 哈尔滨工业大学学报 (社会科学版), 2020, 22 (3): 143-151.

[43] 李婉红, 李娜, 王帆. 东北地区制造业全要素生产率估算与分解:

1992-2018 [J]. 经济论坛，2020 (6)：5-15.

[44] 李晓华. 面向智慧社会的"新基建"及其政策取向 [J]. 改革，2020 (5)：34-48.

[45] 李迅雷，徐驰. 以"新基建"推进国家治理现代化 [J]. 人民论坛·学术前沿，2020 (10)：70-74.

[46] 李瑶，安树伟. 东北地区经济高质量发展研究 [J]. 城市与环境研究，2019 (1)：31-48.

[47] 李友梅. 社会高质量发展与"东北振兴"新机遇 [J]. 社会发展研究，2022，9 (1)：14-24；242.

[48] 李政，杨思莹. 东北地区潜在红利开发与系统性振兴策略 [J]. 社会科学辑刊，2018 (1)：67-77.

[49] 廖敬文，张可云. 东北老工业基地经济复原力：一个四维分析框架与实证研究 [J]. 改革，2019 (1)：64-76.

[50] 林毅夫，付才辉. 基于新结构经济学视角的吉林振兴发展研究——《吉林报告》分析思路、工具方法与政策方案 [J]. 社会科学辑刊，2017 (6)：5-20.

[51] 刘保奎，李爱民. 促进东北地区新一轮振兴的空间发展策略 [J]. 经济纵横，2017 (4)：75-85.

[52] 刘凤芹，苏丛丛. "新基建"助力中国经济高质量发展理论分析与实证研究 [J]. 山东社会科学，2021 (5)：136-141.

[53] 刘海军，李晴. 新基建加速制造业转型升级 [J]. 当代经济管理，2020，42 (9)：26-31.

[54] 刘涛，周白雨. 效率与路径："新基建"投资驱动与中国经济高质量发展——基于投资类别与投资空间双重异质性 [J]. 济南大学学报（社会科学版），2021，31 (6)：99-113；175.

[55] 刘威，张丹. 东北振兴再出发：从问题思维到优势视角 [J]. 理论探讨，2022 (3)：157-166.

[56] 刘雅君. 供给侧结构性改革视角下东北经济振兴动力机制优化——基于制造业的实证分析 [J]. 社会科学研究，2016 (6)：37-43.

[57] 刘雅君. 新一轮东北振兴视角下东北经济转型与效率提升 [J]. 浙江学刊，2018 (1)：126-131.

[58] 刘艳红，黄雪涛，石博涵. 中国"新基建"基概念、现状与问题 [J]. 北京工业大学学报（社会科学版），2020，20 (6)：1-12.

[59] 吕炜，王伟同. 中国的包容性财政体制——基于非规范性收入的考察 [J]. 中国社会科学，2021 (3)：46-64；205.

[60] 马丽，田华征，康蕾，等. 东北三省全面振兴的社会经济支撑能力评估 [J]. 地理科学，2020，40（6）：863-873.

[61] 慕晓飞，孙绪，滕佳颖. 东北地区宏观投资效率影响机制研究——基于省级面板数据的实证分析 [J]. 企业经济，2018，37（8）：175-180.

[62] 年猛. 空间不均衡陷阱、内生增长与东北振兴 [J]. 行政管理改革，2022，5（5）：65-73.

[63] 欧阳慧，李爱民，李大伟. 把建设新特区作为东北振兴的新突破口 [J]. 宏观经济管理，2019（4）：60-65.

[64] 潘教峰，万劲波. 构建现代化强国的十大新型基础设施 [J]. 中国科学院院刊，2020，35（5）：545-554.

[65] 齐贵权，张亮. "新东北现象"下固定资产投资的困境与对策 [J]. 北方经贸，2015（11）：192-194.

[66] 乔榛，姜帅. 国内新竞争环境下的东北振兴再认识 [J]. 学习与探索，2019（1）：118-124.

[67] 任泽平，马家进，连一席. 新基建：全球大变局下的中国经济新引擎 [M]. 北京：中信出版社，2020.

[68] 沈颂东，陈鑫强，韩明友. 东北振兴的产业重构与空间布局——基于振兴目标、资源优势和物流成本的综合分析 [J]. 经济纵横，2020（6）：102-108.

[69] 苏明政，徐佳信，张满林. 东北振兴政策效果评估 [J]. 上海经济研究，2017（4）：112-117.

[70] 孙才志，刘天宝. 东北地区深度融入共建"一带一路"的多重背景、核心目标与行动策略 [J]. 经济纵横，2019（9）：47-57.

[71] 孙久文，苏玺鉴，闫昊生. 东北振兴政策效果评价——基于Oaxaca-Blinder回归的实证分析 [J]. 吉林大学社会科学学报，2020，60（2）：75-84；220.

[72] 孙猛. 东北地区工业增长的结构红利效应 [J]. 东北亚论坛，2017，26（5）：113-123；128.

[73] 孙学涛. 高铁会影响东北地区产业结构演变吗？——东北振兴的另一种思路 [J]. 技术经济，2021，40（8）：76-88.

[74] 汤吉军，戚振宇. 新时代深化改革推动东北地区经济高质量发展——加快东北老工业基地全面振兴高端论坛综述 [J]. 中国工业经济，2019（3）：后插3-后插4.

[75] 滕梓源，胡勇. 新基建如何驱动中国经济结构转型 [J]. 人民论坛，2020（35）：81-83.

[76] 王鹏，王健，林津，等．引资竞争、财政竞争与地方政府土地供给策略互动行为——基于271个地级市土地交易数据［J］．中国土地科学，2020，34（8）：33-43.

[77] 王士君，马丽．基于宏观形势和地域优势的"十四五"东北振兴战略思考［J］．地理科学，2021，41（11）：1935-1946.

[78] 王伟，王成金．东北地区高质量发展评价及其空间特征［J］．地理科学，2020，40（11）：1795-1802.

[79] 王文甫，艾非．投资冲动、债务扩张与地方政府激励目标［J］．财贸研究，2021，32（1）：52-68.

[80] 王雨辰．"新基建"视域下的基础设施供给方式研究［J］．经济体制改革，2021（5）：194-200.

[81] 王智勇，许海平．财政资源、投资与东北经济增长——基于2001—2016年地级市面板数据的分析［J］．当代经济研究，2021，315（11）：87-98.

[82] 温家隆，张满银，何维达．东北振兴规划实施成效评估研究——基于多层次模糊综合评价方法［J］．经济问题，2020（7）：97-105；122.

[83] 伍先福，黄骁，钟鹏．新型基础设施建设与战略性新兴产业耦合协调发展测度及其耦合机制［J］．地理科学，2021，41（11）：1969-1979.

[84] 肖兴志，张伟广．"授之以鱼"与"授之以渔"——首轮东北振兴政策的再思考［J］．经济科学，2019（3）：54-66.

[85] 许钊，高煜，霍治方．高铁开通对能源效率的影响研究——基于"中心—外围"模型的理论分析与实证检验［J］．软科学，2022，36（5）：1-8；14.

[86] 闫春英，张佳睿．东北振兴战略推进过程中民营经济发展的影响因素与疏解之策［J］．现代经济探讨，2020（7）：5-9.

[87] 杨东亮，赵振全．东北经济失速的投资性根源［J］．东北亚论坛，2015，24（5）：94-107.

[88] 杨东亮，王皓然．东北振兴政策效果的再评价——基于灯光数据和PSM-DID模型的分析［J］．商业研究，2021（5）：35-44.

[89] 杨开忠，王媛玉，胡校．推动东北振兴取得新突破的空间经济基础［J］．经济纵横，2021（10）：11-22.

[90] 杨天宇，荣雨菲．区域发展战略能促进经济增长吗——以振兴东北老工业基地战略为例［J］．经济理论与经济管理，2017（10）：88-99.

[91] 杨萌凯，刘羽．东北地区全面振兴的新特点与推进策略［J］．区域经济评论，2016（5）：85-93.

[92] 张粲东．新基建的历史发展轨迹及与传统基建的比较分析［J］．地方财政

研究，2020（6）：83-89.

[93] 张继海. 新发展格局下的"新基建"和需求侧改革 [J]. 江西财经大学学报，2021（4）：64-72.

[94] 张军，吴桂英，张吉鹏. 中国省际物质资本存量估算：1952—2000 [J]. 经济研究，2004，39（10）：35-44.

[95] 张明志，李兆丞，刘红玉，等. 集聚经济释放与东北地区高质量发展 [J]. 山东财经大学学报，2021，33（4）：45-56.

[96] 张卫国，郑月龙，汪小钗. 政府在新能源投资系统中的角色——基于演化博弈的分析 [J]. 科技管理研究，2015（23）：205-210.

[97] 张晓晖，张传娜. 地方政府债务、固定资产投资与经济增长关系研究——基于东北三省111个县（市）数据的分析 [J]. 经济纵横，2020（8）：100-107.

[98] 张治国，欧国立. 高铁网络、虹吸效应与城市群引资 [J]. 经济问题，2022（2）：34-41；78.

[99] 赵建国，关文，齐默达. 财政分权、引资竞争与科技创新水平——基于地方政府创新激励框架的研究 [J]. 财经问题研究，2022（2）：72-83.

[100] 赵建国，齐默达，关文. 财政分权赋能经济发展的新路径——基于技术创新路径的检验 [J]. 财政研究，2021（11）：73-85.

[101] 赵剑波. 新基建助力中国数字经济发展的机理与路径 [J]. 区域经济评论，2021（2）：89-96.

[102] 赵儒煜，陈强，王媛玉. 从产业发展看东北经济复兴的历史必然性与路径选择 [J]. 商业研究，2018（5）：1-11.

[103] 赵新宇，苗鑫桐. 城镇化发展、资本投资与区域经济增长——基于东北地区数据的实证分析 [J]. 河南师范大学学报（哲学社会科学版），2022，49（3）：76-83.

[104] 赵增耀，周晶晶，沈能. 金融发展与区域创新效率影响的实证研究——基于开放度的中介效应 [J]. 科学学研究，2016，34（9）：1408-1416.

[105] 郑尚植，王怡颖. 东北老工业基地振兴的绩效评估——基于合成控制法的检验 [J]. 地域研究与开发，2019，38（2）：31-35；43.

[106] 郑尚植，杨富泽，傅子轩. 东北振兴背景下"去杠杆"与"保增长"的门槛效应研究 [J]. 工业技术经济，2019，38（10）：146-152.

索引